practic

Héctor García (Kirai) s-a născut la Valencia în 1981, locuiește la Tokyo din 2004, iar site-ul său, kirainet.com, cu peste un milion de vizualizări pe lună, este un punct de referință mondial în materie de cultură populară japoneză. Este autorul bestsellerului *Un Geek en Japón*.

Francesc Miralles s-a născut la Barcelona în 1968; este jurnalist specializat în psihologie și spiritualitate. Publică în mod curent în *El País Semanal* și în reviste de dezvoltare personală. În prezent lucrează la dezvoltarea unei metode care combină logoterapia și cultura *ikigai* (www.francescmiralles.com).
La Editura Humanitas Fiction au apărut trei dintre romanele sale: *Cel mai frumos loc din lume e chiar aici* (scris împreună cu Care Santos), *Iubire cu „i" mic* și *Wabi-Sabi*, traduse în numeroase limbi și cu mare succes de public.

Sub semnătura lui Héctor García (Kirai) și a lui Francesc Miralles a apărut în românește volumul *Ikigai: Secrete japoneze pentru o viață lungă și fericită* (Humanitas, 2017).

HÉCTOR GARCÍA (KIRAI)
FRANCESC MIRALLES

METODA IKIGAI

Secrete japoneze
pentru a-ți descoperi adevărata pasiune
și a-ți atinge țelurile în viață

Traducere din spaniolă și note de
Camelia Dinică

HUMANITAS
BUCUREȘTI

Redactor: Oana Bârna
Coperta: Ioana Nedelcu
Tehnoredactor: Manuela Măxineanu
Corector: Cristina Jelescu
DTP: Radu Dobreci, Dan Dulgheru

Tipărit la Master Print Super Offset

Héctor García & Francesc Miralles
El método Ikigai

Illustration on p. 35: Ascent of Fusiyama by Sir Rutherford Alcock,
included in his work *The Capital of the Tycoon*, 1862.
Restored for this edition by Pere Valls Comas.

Descrierea CIP a Bibliotecii Naționale a României
García, Héctor
Metoda Ikigai: secrete japoneze pentru a-ți descoperi
adevărata pasiune și a-ți atinge țelurile în viață /
Héctor García (Kirai) și Francesc Miralles;
trad. din spaniolă și note de Camelia Dinică. –
București: Humanitas, 2019
ISBN 978-973-50-6283-5
I. Miralles, Francesc
II. Dinică, Camelia (trad.)
159.9

EDITURA HUMANITAS
Piața Presei Libere 1, 013701 București, România
tel. 021/408 83 50, fax 021/408 83 51
www.humanitas.ro

Comenzi online: www.libhumanitas.ro
Comenzi prin e-mail: vanzari@libhumanitas.ro
Comenzi telefonice: 0723 684 194

Tuturor oamenilor care fac din lume
un loc mai frumos şi mai prietenos,
împărtăşind cu ceilalţi pasiunile pe care
le au şi inspirându-le pe ale celorlalţi.

Cuprins

AVENTURA *IKIGAI*
Călătorie prin gările fericirii 11

PRIMA PARTE. CĂLĂTORIE ÎN VIITOR

Gara nr. 1
SHINKANSEN. Gândirea de tip trenul-săgeată 23

Gara nr. 2
MUNTELE FUJI. Exersarea imposibilului 33

Gara nr. 3
GANBARIMASU. Puterea răbdării și a perseverenței 40

Gara nr. 4
DEPRINDERI NOI. Schimbă-ți viața în 21 de zile 47

Gara nr. 5
FEEDBACK. Oglinda din privirea celuilalt 53

Gara nr. 6
SENPAI. Alege-ți în viață un mentor (sau mai mulți) 57

Gara nr. 7
EMULAȚIE. Descoperă, imită și depășește 64

Gara nr. 8
ELEMENTUL TĂU. Prin ceea ce nu-ți place
ajungi la ceea ce-ți place 71

Gara nr. 9
FRANKLIN. O metodă de a ne amplifica virtuțile 78

Gara nr. 10
GASSHUKU. Sesiunile *shinkansen* 84

Gara nr. 11
AVENTURA. Ieși din zona de confort 89

Gara nr. 12
TIMING. Ia trenul la timp 93

Gara nr. 13
PARETO. Regula 80/20 98

Gara nr. 14
FORȚA CUVINTELOR.
Pune-le proiectelor tale nume memorabile 104

PARTEA A DOUA. CĂLĂTORIE ÎN TRECUT

Gara nr. 15
GRĂDINA COPILĂRIEI. Recuperează energia copilului 114

Gara nr. 16
NOSTALGIA. Întoarce-te la sursa fericirii 121

Gara nr. 17
PRIETENIA. Reconfigurează-ți harta prietenilor 124

Gara nr. 18
RETROSPECTIVĂ. Vizualizează-ți traiectoria 128

Gara nr. 19
ANALOGIC. Cum să ții o dietă digitală 131

Gara nr. 20
SLOW LIFE. Cine merge încet ajunge departe 137

PARTEA A TREIA. CĂLĂTORIE ÎN PREZENT

Gara nr. 21
PREZENȚA.
Cine aleargă după doi iepuri nu prinde nici unul 145

Gara nr. 22
SĂ SCRII ÎNSEAMNĂ SĂ SELECTEZI.
Puterea hârtiei și a cernelii 149

Gara nr. 23
HAIKU. Descoperă poetul din tine 153

Gara nr. 24
DECIZII CRUCIALE.
Inițiative care-ți schimbă viața pentru totdeauna 156

Gara nr. 25
NIGHTSHIFT. Activează schimbul de noapte 160
Gara nr. 26
ENSO. Cercul armoniei interioare 164
Gara nr. 27
KOAN. Puterea gândirii laterale 168
Gara nr. 28
MINDFULNESS. Cultivarea atenției totale 172
Gara nr. 29
COINCIDENȚA FERICITĂ SAU „SERENDIPITATEA".
Când accidentele sunt favorabile 175
Gara nr. 30
RAK. Random Acts of Kindness 181
Gara nr. 31
CONTACTUL FIZIC. Importanța atingerilor 184
Gara nr. 32
INCERTITUDINEA. Cel mai bun plan este să nu ai planuri 188
Gara nr. 33
KAIZEN. Să te schimbi permanent în bine 192
Gara nr. 34
KYUDO. Arta de a trage cu arcul 198
Gara nr. 35
TOSHOGU. Învățătura celor trei maimuțe 202

CUM SĂ APLICI ÎN PRACTICĂ PUTEREA *IKIGAI*-ULUI.
Sincronizează-te cu obiectivele tale de viață 207
Finalul este un început 217
35 de secrete ca să-ți cultivi *ikigai*-ul 219

Mulțumiri 221

AVENTURA *IKIGAI*
Călătorie prin gările fericirii

În urmă cu ceva mai bine de doi ani, noi, autorii acestei cărți, am încheiat un proiect care avea să ajungă mult mai departe decât ne-am imaginat.

Totul a început într-un parc din Tokyo cu o discuție în care ne-am manifestat dorința comună de a vizita „satul centenarilor", o localitate rurală din nordul orașului Okinawa cu rata de longevitate cea mai ridicată din lume.

Am hotărât să călătorim în acel loc insolit și să-i intervievăm pe cei mai vârstnici, care ne-au dezvăluit secretele ce i-au ajutat să trăiască motivați și energici atât de mult.

Rezultatul acestui studiu a fost cartea *Ikigai: Secrete japoneze pentru o viață lungă și fericită*, care se concentrează pe unul dintre secretele tinereții permanente: deținerea unei „rațiuni de a fi" care să ne ofere fericirea de a fi mereu ocupați.

Spre surprinderea tuturor, chiar în ziua în care a fost publicată, ea s-a clasat la librăria online cea mai importantă pe locul întâi în Spania. În două luni se vânduse în treizeci de țări, printre care Statele Unite ale Americii, Rusia, China și chiar Japonia.

Am primit sute de mesaje și e-mailuri de la cititori entuziasmați de sugestiile din *Ikigai* și care, printre altele, ne întrebau: Cum îmi descopăr *ikigai*-ul? Știu care este pasiunea vieții mele, dar sunt întotdeauna atât de ocupat cu alte obligații, încât abia dacă am timp pentru *ikigai*-ul meu. Cum pot să-mi realizez visul?

Sunt întrebări pe care și noi, autorii, ni le-am pus. De aceea ne-am propus ca următorul nostru proiect să fie în întregime pragmatic și să ne ajute pe noi și pe cititorii noștri să ne descoperim și să ne consolidăm toate aspectele *ikigai*-ului.

Acesta ne-a fost obiectivul. După doi ani, cartea pe care o ții în mână este dovada că ne-am dus la îndeplinire provocarea. Avem plăcerea de a-ți oferi un instrument care-ți va revoluționa viitorul, ajutându-te să-ți înțelegi trecutul ca să trăiești în prezent așa cum dorești.

Ca să-l materializăm, am întreprins o nouă călătorie în Japonia, țara care a inspirat prima noastră lucrare, în căutarea unor lecții esențiale prin care *ikigai*-ul devine centrul existenței noastre și un motor de schimbare pentru a ne îndeplini misiunea în viață.

IKIGAI

Ortografiat 生き甲斐, *ikigai* este un cuvânt japonez fără o traducere exactă. *Ikigai* este sensul vieții sau acel lucru care te face să te trezești bucuros în fiecare zi.

Cuvântul se compune din *iki* 生, care înseamnă „viață" sau „a fi în viață", și *gai* 甲斐, ce semnifică „acel lucru care merită și are valoare". Prin urmare, în traducere literală ar însemna „acel lucru pentru care merită să trăiești".

Potrivit japonezilor, toți avem, înlăuntrul nostru, un *ikigai* sau chiar mai multe, cu toate că nu știm încă acest lucru.

Efectul *shinkansen*

Când am cercetat așa-numitul „miracol japonez“, care s-a produs între 1960 și 1980, perioadă în care Japonia s-a transformat dintr-un dezastru postbelic în cea de-a doua putere economică mondială, am descoperit efectul *shinkansen*. Până acum, acest concept inovator s-a aplicat numai în inginerie și în companiile nipone, însă suntem convinși că putem utiliza aceleași principii pentru a obține mai repede reușite personale.

În prima parte a acestei cărți, misiunea noastră este să aducem, pentru prima oară, „miracolul japonez" în viața fiecărui cititor, astfel încât să facem saltul vertiginos de la imposibil la posibil în orice domeniu al existenței noastre.

Conceptul efectului *shinkansen* ne-a fascinat, însă în viață nu toate lucrurile se pot face mai bine și mai repede.

În călătoria pe care o începem acum am folosit tehnici prin care trecutul ne alimentează prezentul și, la rândul lui, prezentul ne luminează drumul spre un viitor în care ne vom atinge obiectivele.

În Orient, asta se numește acceptarea trecerii timpului, dat fiind că *singurul lucru care nu se schimbă este schimbarea.* Acesta e punctul pe care trebuie să-l cercetăm și să-l înțelegem pentru a prelua controlul trenului vieții noastre și a ști cum ne-au afectat schimbările din trecut. Astfel vom fi pregătiți în viitor atunci când drumurile se vor bifurca și va trebui să luăm decizii cruciale.

Pentru a fi fericiți și a ne îndeplini obiectivele, este esențial să acceptăm trecerea timpului ca pe o oportunitate.

Ikigai-ul nostru e foarte asemănător cu schimbarea: este o constantă care ne însoțește tot timpul și care se modifică în funcție de etapa în care ne aflăm. „Rațiunea noastră de a fi" la cincisprezece ani este diferită de cea pe care o avem la șaptezeci.

Este esențial să fim în armonie cu *ikigai*-ul nostru în fiecare etapă a vieții. În caz contrar, vom simți că ne-am abătut de la drumul propriu și că forțele din exterior au preluat controlul asupra vieții noastre cotidiene.

Ikigai-ul este asemenea unei frecvențe radio: cu cât ne sincronizăm mai bine cu el, cu atât este mai pregnantă impresia că viața noastră are un sens.

Cartea aceasta e un ghid care ne va ajuta să menținem frecvența pe parcursul inevitabilelor oscilații ale existenței noastre permanent schimbătoare, integrând trecutul, prezentul și viitorul pentru a ne îndeplini misiunea personală.

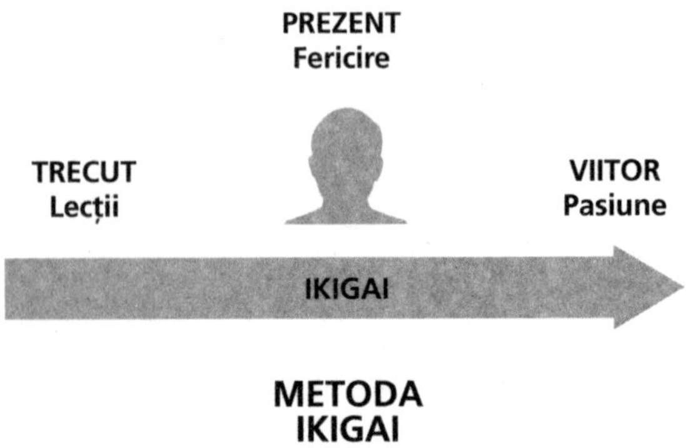

Cu **metoda ikigai** căutăm echilibrul între trecutul, prezentul și viitorul nostru ca să ne realizăm pe deplin, folosindu-ne întregul talent pentru a ne atinge obiectivele.

În călătoria noastră prin Japonia am ales trei repere care ne-au ajutat să organizăm această carte în trei mari secțiuni:

1. Călătorie în VIITOR: TOKYO

În capitala niponă vom lua trenul-săgeată* și vom privi spre stele în timp ce ne vom imagina viitorul ideal. Ceea ce

* În textul original se folosește termenul *tren bala*, „tren-glonț". [Toate notele de subsol îi aparțin traducătoarei.]

putem reuşi în viaţă este condiţionat de limitele imaginaţiei noastre. Vei găsi exerciţii de proiectare a viitorului exploatând întregul tău potenţial şi activându-ţi *shinkansen*-ul interior.

2. Călătorie în TRECUT: KYOTO

Vom vizita această provincie cu un tren mai mic şi mai lent, care ne va oferi răgazul de a ne delecta cu peisajul tradiţiei şi cu trecutul. Nostalgia indusă de acest tren ne va ajuta să reflectăm asupra celor experimentate ca să ne cunoaştem mai bine. Aforismul elin „Cunoaşte-te pe tine însuţi" se referă la modul în care reacţionăm în faţa provocărilor ivite în cale în trecut. Interpretarea experienţelor într-un mod pozitiv ne oferă sănătate emoţională şi mentală. Conştiinţa trecutului conferă un sens istoriei vieţii noastre, iar redescoperirea pasiunilor din copilărie şi adolescenţă ne oferă indicii fundamentale pentru a discerne care este adevăratul nostru *ikigai*.

3. Călătorie în PREZENT: ISE

Sanctuarul de la Ise are peste două mii de ani. Ar trebui să aparţină trecutului? La fiecare douăzeci de ani, japonezii demolează această clădire istorică şi o reconstruiesc. De aceea sanctuarul de la Ise trăieşte într-un prezent etern. Această tradiţie ne va ajuta să vedem că nu este bine să ne lăsăm striviţi de poverile trecutului, căci suntem liberi să hotărâm ce vrem să fim şi să facem în fiecare moment. Când ne vom plimba prin sanctuarul de la Ise, vom vizita şi temple în care vom învăţa să desenăm cercuri *enso* şi vom înţelege puterea îndeletnicirilor orientale – cum este tirul cu arcul – de a ne menţine spiritul în prezent. Vom vedea şi că fiecare tip de artă este un mijloc minunat de a fi prezenţi şi ne ajută să intrăm într-o stare de flux.

Aceasta e mai mult decât o carte. Dacă vei citi cu atenție și vei aplica în viața cotidiană sugestiile întâlnite, te va conduce într-un loc care, probabil, până acum exista doar în imaginația ta.

Pregătește-te să experimentezi mari schimbări și surprize pe măsură ce te bucuri de un nou peisaj.

Respiră și deschide-ți mintea. Călătoria este pe punctul de a începe.

Îți mulțumim că ești alături de noi.

HÉCTOR GARCÍA (KIRAI)
și FRANCESC MIRALLES

PRIMA PARTE

CĂLĂTORIE ÎN VIITOR

Efectul *shinkansen* și alte tehnici de planificare a unor proiecte personale de amploare și de dezvoltare a disciplinei interioare pentru realizarea lor

Tokyo 東京

Punctul nostru de plecare este gara Shinjuku, prin care trec zilnic între trei și patru milioane de pasageri și care figurează în *Guinness World Records* drept cel mai aglomerat nod de transport.

Shinjuku este simbolul a tot ceea ce poate Japonia să ducă la bun sfârșit.

Să reușești să te întâlnești cu cineva constituie prima dificultate în acest loc, pentru că există peste două sute de ieșiri și este crucial s-o nimerești pe cea potrivită. Ca să evităm orice problemă, am decis să rămânem în barul New York de la etajul 52 al hotelului Park Hyatt, exact cel în care s-au filmat mai multe scene din filmul *Rătăciți printre cuvinte.*

Masa noastră este luminată de lumânări și înconjurată de un perete imens de sticlă cu vedere spre marea infinită de clădiri din Tokyo. Întinderea orașului e presărată cu puncte sclipitoare, asemenea unui cer înstelat.

O formație de jazz cântă muzica lui Miles Davis.

— Aici, la Tokyo, nu ai impresia că te afli în viitor? întreabă Francesc în timp ce soarbe din paharul cu whisky Yamazaki.

— Acesta e unul dintre motivele pentru care trăiesc aici, răspunde Héctor. Dintotdeauna m-a atras ceea ce ține de science-fiction, de futurism.

— Și nu te obosește? Nu ți se pare puțin inumană această obsesie pentru perfecțiune?

— Câteodată da, aș putea să-ți povestesc ore întregi cât e de extenuant să lucrezi într-un mediu de afaceri atât de perfecționist, dar îmi place să văd partea pozitivă.

— Spune-mi ceva pozitiv, Héctor. Dacă ar fi să alegi o lecție pe care ai învățat-o de la japonezi în cei doisprezece ani de când locuiești aici, care ar fi ea?

— *Ganbarimasu!*

— Ceva cu gambe? a replicat Francesc râzând.

— Nici o legătură cu gambele! Se spune *ganbarimasu* și înseamnă „să te străduiești la maximum să atingi un obiectiv". Este un cuvânt pe care-l folosesc japonezii când au de-a face cu o provocare de natură personală, sportivă sau profesională. *Ganbarimasu* înseamnă „să nu te dai bătut niciodată", iar asta e ce admir eu cel mai mult la japonezi.

— Nu se dau bătuți chiar dacă este un obiectiv aparent imposibil... mulțumită surprinzătorului efect *shinkansen*, remarcă Francesc.

— Într-adevăr, obiectivele aparent imposibile, care ne stabilesc ținte personale foarte ambițioase, reprezintă cheia pentru a activa efectul *shinkansen* în interiorul nostru, dar, dacă nu-l punem în legătură cu puterea lui *ganbarimasu*, a efortului continuu, visurile noastre legate de viitor se risipesc fără să devină vreodată realitate.

— Pregătește-te să-ți activezi efectul *shinkansen*, Héctor! Pe parcursul acestei călătorii vom termina această carte.

— *Ganbarimasu*!

După ce am plecat din Park Hyatt ne-am dus într-unul dintre barurile micuțe ascunse pe străduțele din apropierea gării Shinjuku.

Neoanele și activitatea permanentă dau impresia că în acest loc nu este niciodată noapte. Alături de Shibuya, e unul dintre cartierele din Tokyo care nu dorm niciodată; un ritm frenetic ce nu lasă răgaz pentru odihnă și se intensifică mereu, căutând să atingă randamentul maxim, precum și valorificarea la maximum a timpului după o zi de muncă.

Într-un bar în care încap doar trei clienți cunoaștem pe cineva care a lucrat peste patruzeci de ani la primăria orașului Tokyo. Stăm de vorbă o bucată de vreme sub privirea unui tânăr straniu, care duce două pisici într-un coș, apoi interlocutorul nostru ne însoțește până ajungem pe o altă străduță. După ce urcăm câteva etaje ale unei clădiri murdare, ajungem într-un restaurant tipic pentru Okinawa, unde un bărbat cântă muzică tradițională la *sanshin*, un instrument cu coarde din insulele sudice.

Această atmosferă ne face să ne aducem aminte cu nostalgie de călătoria în Ogimi pentru a scrie *Ikigai*, cartea noastră anterioară. Aici se încheie prima noastră noapte în Tokyo.

A doua zi urcăm în legendarul tren-săgeată.

SATUL CENTENARILOR

În cartea noastră precedentă, *Ikigai: Secrete japoneze pentru o viață lungă și fericită*, am relatat aventurile din Ogimi, un sat cu puțin peste trei mii de locuitori din nordul insulei Okinawa, considerat reședința celor mai longevivi oameni din lume. Și nu numai că trăiesc mulți ani, ci au și rata de incidență a cazurilor de cancer și de alte tipuri de boli, cum este diabetul, cea mai scăzută din întreaga Japonie.

Mulți oameni de știință au venit să chestioneze locuitorii din Ogimi. Noi am luat pe umăr o cameră video și am intervievat peste o sută de bătrâni pe parcursul unei săptămâni. I-am întrebat despre rutina lor zilnică, despre regimul alimentar, despre familie și prieteni, precum și despre secretul longevității lor sănătoase.

Și, bineînțeles, i-am întrebat și care este *ikigai*-ul lor.

Conviețuind cu ei, ne-am dat seama că nimeni nu se pensionase cu adevărat. Toți aveau ocupații și mulți dintre ei combinau diverse activități.

„De când nu mai ții contabilitatea la buticul de legume ți-ai pierdut din claritatea minții", îi spunea Akiko unui prieten de nouăzeci și șase de ani, certându-l că s-a relaxat odată cu renunțarea la muncă. La nouăzeci și doi de ani, Akiko alternează rolul de șefă a comunității vecinilor cu vânzarea de genți confecționate manual într-un mic magazin din sat. Este în continuare cât se poate de activă și spune: „Dacă nu faci nimic, vine moartea după tine."

Una dintre concluziile la care am ajuns în studiul nostru a fost că locuitorii din satul centenarilor și-au găsit *ikigai*-ul rămânând activi tot timpul. Probabil că cel mai mare secret al longevității este să fim permanent ocupați, dedicându-ne timpul activităților la care ținem.

GARA NR. 1 **SHINKANSEN**
Gândirea de tip trenul-săgeată

Înainte ca trenul să se îndrepte spre noi orizonturi, să vedem originea conceptului în jurul căruia se desfășoară această aventură. Pentru asta ne vom întoarce în timp cu un sfert de secol și ne vom concentra atenția asupra cuiva pe nume Jack Welch.

Probabil că nu-ți este cunoscut numele președintelului grupului General Electric din 1981 până în 2001, considerat unul dintre cei mai buni directori ai secolului trecut. Sub conducerea lui s-a introdus un sistem de evaluare trimestrială a obiectivelor și sarcinilor angajaților, sistem care încă se folosește în zilele noastre în majoritatea firmelor medii sau mari.

Sistemul a funcționat relativ bine până când Welch și-a dat seama că anumite departamente încep să aibă un randament scăzut.

Ce se întâmpla?

Legea minimului efort

Examinând procesele cu atenție, și-a dat seama că angajații din diversele departamente completau foaia cu obiectivele trimestriale propunând îmbunătățiri *graduale* sau chiar banalități. Adică: scriau obiective ușor de îndeplinit, pe care erau siguri că le vor atinge fără să se străduiască prea mult. Cu alte cuvinte, se comportau după ceea ce popular se cheamă legea minimului efort.

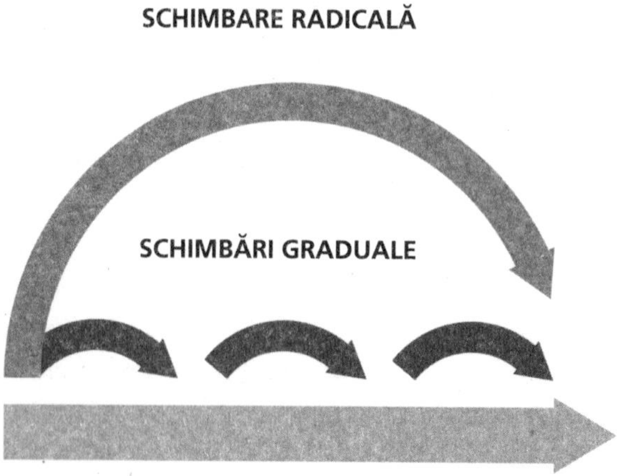

TORTILLA GRADUALĂ *vs* CEA RADICALĂ

O îmbunătățire graduală este cea care adaugă un mic progres la ceva deja existent. De exemplu, momentul în care primul bucătar spaniol a decis să adauge la omletă* cartofi tăiați în bucăți și prăjiți și a reușit s-o transforme în *tortilla de cartofi***. Omleta deja exista, iar îmbunătățirea graduală a constat în adăugarea cartofilor.

Îmbunătățirea radicală a avut loc cu mult înainte, în momentul în care primul om a decis să spargă un ou, să-l bată și să-l prăjească. A luat naștere omleta, care nu exista până în acel moment. O revoluție culinară, fără doar și poate.

Cu toții am trecut prin așa ceva cel puțin o dată: după ce îndeplinim obiectivele principale ale unui proiect, devenim comozi și facem minimumul necesar pentru ca totul să funcționeze în

* În spaniolă, *tortilla*.

** *Tortilla de patatas*, fel de mâncare spaniol.

continuare. Trebuie să acceptăm faptul că *noi, oamenii, suntem comozi prin natura noastră*; totuşi, dacă vrem să ne autodepăşim şi să atingem ţinte noi, trebuie să luptăm împotriva conformismului şi lipsei de orizont.

Lucrul acesta nu se limitează la aspectele legate de afaceri. Legea minimului efort domneşte în zone foarte diverse, cum ar fi:

- îngrijirea corpului şi a sănătăţii noastre;
- relaţiile de cuplu sau/şi părinte–copil;
- cultivarea prieteniilor şi gestionarea timpului liber;
- obiective intelectuale, artistice sau chiar spirituale.

Din delăsare sau din cauza ritmului intens de viaţă, ajungem să mâncăm sau să dormim în acelaşi fel până când corpul ne dă un semnal serios, intrăm în letargie în relaţia de cuplu până când se produce o criză – şi tot aşa în fiecare dintre aspectele vieţii noastre.

Din când în când facem mici retuşuri sau îmbunătăţiri, asemenea angajaţilor care fac evaluările trimestriale, dar sunt simple peticiri care nu schimbă situaţia în mod semnificativ.

Nu este vorba întotdeauna de delăsare. Uneori suntem pur şi simplu ocupaţi să păstrăm ceea ce am reuşit să construim vreme îndelungată şi nu mai avem timp şi energie să ducem acel lucru la nivelul următor.

Ori poate ceea ce ne înspăimântă este adevărata schimbare?

Secretul lui Mikawa

Jack Welch s-a gândit îndelung la această problemă tipică psihologiei umane: Cum să-i motiveze pe angajaţii departamentelor care deja funcționau relativ bine în așa fel încât să-și asume riscuri și să continue să inoveze?

Soluția avea s-o găsească în timpul unei călătorii pe care a făcut-o la Tokyo în anul 1993.

În călătorie s-a întâlnit cu Eiji Mikawa, președintele filialei japoneze a grupului General Electric, specializată în tehnologie medicală.

Jack Welch a rămas impresionat de viteza cu care se obțineau progrese și se depășeau celelalte filiale ale General Electric. Sucursala japoneză lansa pe piață de ani de zile cele mai bune și mai rapide aparate TC (tomografie computerizată) din lume.

Mikawa i-a dezvăluit lui Welch secretul care a inspirat cartea pe care o ai în mână: „Dacă vrei ca un tren să meargă cu 10 km/h mai repede, pur și simplu adaugă niște cai-putere la motor. Dar dacă ai nevoie să treacă de la 150 km/h la 300 km/h, trebuie să te gândești la multe alte lucruri.

Trebuie schimbate toate liniile feroviare și trebuie lățit ecartamentul? Trebuie modificat sistemul de suspensii?

Vagoanele trebuie să fie mai aerodinamice?

Trebuie să gândești *out of the box*, altfel. Nu vei obține un tren nou cu doar câteva modificări. Trebuie să pornești cu un mod de a gândi total nou.“

O comandă aparent imposibilă

Pentru a afla originea acestui concept inovator, să ne întoarcem în anul 1958. În plin miracol economic postbelic, guvernul japonez a solicitat companiei JR (Japan Railways) să găsească un mijloc de legătură mai rapid între Tokyo și Osaka.

După câteva luni, inginerii JR au prezentat o propunere de tren care avea să circule cu o viteză medie de 100 km/h. O viteză amețitoare pentru acel timp: dacă acest prim proiect s-ar fi concretizat, ar fi rezultat unul dintre trenurile cele mai rapide din lume.

Totuși, directorii JR le-au dat inginerilor un răspuns absolut neașteptat:

„Avem nevoie de un tren de două ori mai rapid."

Inginerii au rămas uluiți și au răspuns că e imposibil. Un tren care să circule cu 200 km/h putea exista doar într-un film de science-fiction.

Directorii le-au spus că puteau să cheltuiască oricât era necesar, căci guvernul le dăduse mână liberă pentru acest proiect *aparent imposibil.*

Efectul *shinkansen*

Inginerii au revenit după câteva luni cu o nouă propunere, care implica o schimbare radicală a tot ce avea legătură cu viitorul tren. Ca să atingă acea viteză incredibilă, era necesar:

- să se modifice forma, înălțimea și lățimea căilor ferate care se foloseau în acel moment în Japonia;
- să se cheltuiască mare parte din buget pentru săparea unor tuneluri care să traverseze zona înaltă din împrejurimile muntelui Fuji;
- să se reconfigureze total conceptul de „tren" existent la acea vreme pentru a se obține unul mai ușor și aerodinamic, ca să se reducă forța de frecare cu aerul.

Altfel spus, pentru a câștiga 10 km/h în plus ar fi fost suficient să se realizeze unele îmbunătățiri, dar pentru a dubla viteza era necesar *să se modifice totul*, să fie regândit acel mijloc de transport dintr-o perspectivă complet nouă.

Această schimbare radicală este efectul *shinkansen*, care se utilizează în inginerie și în afaceri, dar pe care putem să-l aplicăm și în toate „departamentele" vieții noastre.

Revenind la „misiunea aproape imposibilă" a inginerilor, în 1964, la doar șase ani după ce guvernul a lansat provocarea, a fost inaugurat, pentru Olimpiada de la Tokyo, primul tren-săgeată din istorie.

Marcând un moment de cotitură ce a uimit întreaga lume, Shinkansen, circulând cu o viteză de peste 200 km/h, lega Tokyo de Osaka reducând timpul de călătorie dintre cele două orașe de la șase ore și patruzeci de minute la trei ore și zece minute.

Inovațiile generate odată cu dezvoltarea primului tren de mare viteză din istorie aveau să revoluționeze transportul cu trenul pe întreaga planetă în deceniile următoare.

Începutul acestui progres imens, de care mai beneficiem și astăzi, s-a bazat pe asumarea unui mod absolut nou de a gândi.

Shinkansen: trenul-săgeată

Termenul *shinkansen* (新幹線) înseamnă, în traducere literală, „noua linie principală". Cuvântul japonez este compus din caracterele 新 „nou", 幹 „trunchi" și 線 „linie". În momentul inaugurării, în anul 1964, trenul denumit Hikari (Lumina) a parcurs traseul noii linii principale dintre Tokyo și Osaka, devenind primul tren de mare viteză din istorie care depășea 200 km/h. Atât trenul Hikari (Lumina), cât și linia Shinkansen au devenit populare în străinătate sub denumirea „trenul-săgeată japonez".

Gândirea *shinkansen*

Lui Eiji Mikawa îi plăcea mult să vorbească despre modul în care în compania lui se aplica gândirea de tip trenul-săgeată la orice. De exemplu, dacă persoanele de la conducerea unui compartiment îi spuneau că intenționează să diminueze costurile cu cinci la sută, el le cerea să se gândească la modalități de a le reduce cu cincizeci la sută.

Jack Welch a rămas atât de impresionat de cuvintele lui Eiji Mikawa, încât a importat această filozofie pentru a o aplica în General Electric, unde a solicitat tuturor angajaților și departamentelor să adauge la evaluările trimestriale obiective de tip trenul-săgeată.

Acesta e unul dintre motivele principale pentru care General Electric a rămas competitivă și continuă să inoveze, cu toate că este o companie fondată în urmă cu peste o sută de ani, cu sute de mii de angajați.

„Dacă ai un obiectiv pe care crezi că-l poți realiza în zece ani, cea mai bună strategie ca să devină realitate este să te gândești la modalități de a realiza același obiectiv într-un an."
PETER THIEL (INVESTITOR ÎN SILICON VALLEY)

Companiile și oamenii care-și stabilesc obiective de tip trenul-săgeată ajung de obicei să se remarce în societatea noastră.

De exemplu, Elon Musk și-a propus „nebuneasca idee“, după părerea multora, de a construi rachete care să poată decola și ateriza. A reușit acest lucru cu Space X, compania sa privată, în mai puțin de zece ani, în vreme ce NASA n-a reușit în peste cincizeci de ani de cercetare și dezvoltare.

Elon Musk a proiectat și *hyperloop*, un sistem de transport terestru care ar putea atinge până la 1200 km/h și, ca obiectiv personal de tip trenul-săgeată, și-a propus să trimită primul om pe Marte. Va reuși oare?

Dar tu? În ce domeniu al vieții tale dorești să aplici efectul *shinkansen*?

FIXEAZĂ-ȚI PRIMUL OBIECTIV SHINKANSEN

Pentru ca un vis ori o aspirație să merite această denumire, trebuie să fie *aparent imposibil de obținut*. Dacă simți că acel lucru este relativ ușor de obținut, atunci el nu face parte din categoria „obiectiv de tip trenul-săgeată".

Vizualizarea unor ținte aparent imposibile te ajută să-ți dezvolți gândirea laterală și să renunți la idei sau procese vechi.

Scrie-ți obiectivele *shinkansen* fără teamă.

Vrei să pilotezi propriul tău elicopter? *Scrie.*

Vrei să călătorești în Alaska și să vezi aurora boreală? *Scrie.*

Vrei să triplezi vânzările în afacerea ta de familie? *Scrie.*

Vrei să regizezi un film? *Scrie.*

Repetăm sugestia de a scrie pentru că primul pas ca să-ți atingi un obiectiv în viață este la fel de simplu ca scrierea acelui lucru.

Începe:

Obiectivul meu *shinkansen* cu numărul 1 este:

____

Firește, simpla transpunere în scris a unui lucru nu-l va transforma în realitate. În continuare, scrie zece inițiative pe care le vei lua pentru a face posibilă îndeplinirea primului tău obiectiv de tip trenul-săgeată, indicând activitatea, modul de realizare a acesteia și momentul în care vei începe:

CE VEI FACE	CUM O VEI FACE	CÂND O VEI FACE
1.		
2.		
3.		
4.		
5.		
6.		
7.		
8.		
9.		
10.		

De exemplu, dacă obiectivul meu *shinkansen* numărul 1 este să țin o prelegere în fața a o mie de persoane, lista mea de activități ar putea fi: să cumpăr cărți despre vorbirea în public, să întâlnesc conferențiari care să-mi ofere sfaturi, să văd filmulețe pe YouTube cu vorbitori pe care-i admir, să mă înregistrez video în timp ce exersez și să mă observ apoi pe ecranul calculatorului, să pregătesc o prezentare simplă pentru un eveniment local, cu puține persoane în public, ca să exersez, să mă înscriu la un curs de vorbire în public, să mă înscriu la lecții de teatru ca să scap de trac...

Trainerul uruguayan Mario Reyes recomandă stabilirea concretă a fiecăreia dintre aceste activități prin *ce vom face*, *cum vom face* și *când vom începe*. De exemplu:

CE VEI FACE	CUM VEI FACE	CÂND VEI FACE
1. Să citesc cărți despre vorbirea în public	Voi solicita sugestii într-o librărie de specialitate	Mâine la ora 14.30 în pauza de masă

După ce ai stabilit concret cele zece activități și la fiecare dintre ele ce anume, cum anume și când, semnează în josul paginii, ca și cum ar fi un contract prin care te angajezi față de tine însuți, și pune-o într-un loc cât mai vizibil în activitatea ta cotidiană.

După ce ai semnat, nu mai există cale de întoarcere.

Trenul-săgeată va fi pornit la drum.

....

GARA NR. 2 **MUNTELE FUJI**
Exersarea imposibilului

Trenul nostru se oprește în liniștita localitate Mishima, care precedă priveliștea muntelui Fuji. Va fi vizibil astăzi muntele cel mai venerat de către japonezi, sau va rămâne învăluit în ceață?

Atunci când rezervă un bilet Shinkansen de la Tokyo la Kyoto și retur, călătorii cu experiență solicită locuri pe partea cu muntele Fuji. Apoi așteaptă nerăbdători ca impunătorul munte sacru să se arate în toată splendoarea sa.

Totuși, dacă cerul nu este senin, trenul-săgeată va trece foarte aproape de acest loc după care tânjim – și totuși nu vom reuși să-l vedem. Muntele Fuji este întotdeauna acolo, ca orice mare obiectiv din viața noastră, însă uneori ceața lucrurilor frivole ni-l face invizibil.

MUNTELE NEMURIRII

Muntele Fuji e menționat pentru prima dată în scris într-o poveste din secolul X, având ca protagonistă o tânără cu numele Kaguya, care venea de pe Lună și care respinsese cererea în căsătorie a împăratului. Într-o noapte de august cu lună plină, o lumină puternică a cuprins-o pe Kaguya și oamenii de pe Lună au luat-o înapoi acasă. Încă îndrăgostit de ea, împăratul i-a scris tinerei o scrisoare și a trimis o armată care să-i ducă mesajul până în vârful muntelui Fushi (不 fără, 死 moarte), locul cel mai apropiat de Lună pe care-l cunoșteau japonezii încă din Antichitate.

Când soldații au ajuns în vârf, au dat foc scrisorii în speranța că fumul va ajunge până la Lună, iar cuvintele împăratului vor putea fi citite de Kaguya. Odată cu scrisoarea, ei au ars și elixirul nemuririi, căci împăratul nu voia să trăiască veșnic.

Cuvântul *fushi* înseamnă „fără moarte" sau „nemuritor". Cu timpul, pronunția a evoluat în *fuji* (富 „plin de, bogăție", 士 soldat), atribuit soldaților viteji care au urcat până în vârful muntelui ca să ducă mesajul la lună.

De atunci se crede că, dacă muntele Fuji erupe, fumul duce cuvintele împăratului până la satelitul nostru ca să ia legătura cu Kaguya, care reprezintă iubirea și speranța eternă de transformare a imposibilului în posibil.

Aventura lui sir Rutherford Alcock

Cu toate acestea, prima persoană despre care știm că a urcat pe culmea acoperită de zăpadă a vulcanului nu a fost un soldat al împăratului, ci un călugăr budist, în anul 663.

Până în acel moment se considera că e imposibil să se atingă vârful, dar, cu timpul, acel lucru imposibil a fost depășit de tot mai multe persoane. Chiar și așa, până la începutul erei Meiji, în secolul XIX, nici o femeie și nici un străin nu fuseseră capabili să escaladeze Fuji, socotit un munte sacru.

Prima persoană de origine nejaponeză care a pus piciorul pe vârful alb a fost diplomatul britanic sir Rutherford Alcock, în 1860.

Oficialii japonezi i-au spus că ideea de a urca la sfârșitul lui noiembrie e nebunească și că ascensiunea e imposibilă din cauza condițiilor meteorologice. În plus, un taifun se apropia de Japonia.

Când britanicul a început urcușul pe muntele Fuji, taifunul tocmai sosea. Unii oficiali ai guvernului japonez au interpretat acest lucru ca pe un avertisment din partea zeilor că acela este

Ilustrație cu muntele Fuji, realizată manual de sir Rutherford Alcock în jurnalul său personal.

un loc interzis pentru străini. Dar diplomatul i-a ignorat pe toți cei care i-au spus că e imposibil și, pas după pas, a ajuns în vârf, devenind primul străin care a reușit escalada.

În acea epocă provocarea nu era ușoară, dovadă că mulți alpiniști muriseră în timpul încercărilor. Dar atleticul sir Rutherford Alcock a urcat de la nivelul mării până în vârf, la 3776 de metri înălțime, în opt ore; i-au trebuit alte trei ore la coborâre. Soarta a fost de partea lui, căci taifunul a lovit coasta Shizuoka chiar în momentul în care el își încheia coborârea.

Alcock a descris muntele Fuji ca pe un loc neprimitor, stâncos și având un aspect fără asemănare cu restul planetei. Foarte bun desenator, el a surprins pentru prima dată în beneficiul Occidentului silueta tipică a acestui loc sacru.

Și-a relatat escalada în scrisorile pe care le-a trimis guvernului britanic în timpul celor trei ani de ședere în Japonia. Tot el a fost primul britanic care a trăit o vreme pe teritoriul japonez.

„Ultima parte a fost cea mai grea, deoarece se acumulase oboseala. Am făcut popasuri dese ca să ne alinăm durerea de picioare și să ne tragem răsuflarea. Unii dintre noi s-au gândit să renunțe, dar am continuat până când am pășit pe vârf, ceea ce ne-a dat posibilitatea să admirăm craterul de pe culme și priveliștea."

SIR RUTHERFORD ALCOCK

Misiune: posibilă

Viața noastră este plină de munți la care credem că accesul nu ne este permis sau pe care nu ne simțim în stare să-i escaladăm, însă ceața ce ne face să nu vedem drumul este de regulă pe sticla ochelarilor prin care privim.

Trebuie să ne curățăm privirea de „lucruri imposibile", așa cum facem cu un geam aburit, înainte de a porni la drum. Pentru că imposibilul, în realitate, este o etichetă mentală, un filtru înșelător situat în fața ochilor noștri.

Pe parcursul vieții există multe lucruri pe care, în mod irațional, nu ne vedem în stare să le realizăm pentru că doar gândindu-ne la ele ne cuprinde o emoție ieșită din comun. Ne construim mental multe astfel de ziduri și, când ele cad în final, ne vine greu să credem că ne-au produs cândva atâtea temeri, blocaje și frustrări.

Linia mentală care separă posibilul de imposibil este foarte subțire, iar sarcina inginerului sau a unui *sherpa** literar, ca să dăm două exemple, este să ne ajute s-o depășim.

Walt Disney spunea că „nu există nimic mai distractiv decât să faci ceea ce este imposibil". De aceea, de dragul exercițiului, a face cel puțin un lucru de care nu ne simțim deloc capabili poate constitui un bun obiectiv săptămânal.

Să învățăm japoneză sau maghiară, să ne apucăm de un sport care ni se pare dificil, să cântăm la pian cu două mâini și fără partitură, să explorăm o țară sălbatică... sau să urcăm pe echivalentul muntelui Fuji din regiunea în care trăim.

Așa cum spune deviza de pe Whatsapp a unui bune prietene de-ale mele, totul începe cu schimbarea etichetei: MISIUNE POSIBILĂ.

FĂ O LISTĂ DE LUCRURI „IMPOSIBILE" CARE NU S-AU DOVEDIT AȘA ÎN REALITATE

Un exercițiu foarte eficient pentru a ne curăța orizontul de limitări, prejudecăți și lucruri despre care credem că nu putem să le facem este să ținem minte acele „lucruri imposibile" care în realitate n-au fost așa.

---

* *Sherpa* desemna la origine un ghid sau o călăuză în expedițiile de pe munții Himalaya; aici, ghid, mentor.

Noi, autorii acestei cărți, am încercat – și acestea au fost rezultatele:

Cele 3 lucruri fals imposibile ale lui Francesc

1. *Să învăț să înot.* „Până la paisprezece ani, apa îmi inducea o adevărată panică și eram convins că niciodată nu voi reuși să parcurg o piscină de la un capăt la altul dacă nu ating fundul. Târziu, am ajuns să descopăr că pot pluti.“
2. *Să termin o facultate.* „Dat fiind că în școală aveam corigențe la patru sau cinci materii pe an, nici eu, nici profesorii mei, nici altcineva nu credea că voi fi capabil să-mi iau bacalaureatul și cu atât mai puțin să devin licențiat în vreun domeniu. Când am scăpat de această prejudecată, am urmat o facultate exclusiv în limba germană.“
3. *Să am o prietenă.* „Și asta credeam că e imposibil până la douăzeci și trei sau douăzeci și patru de ani, căci fetele care-mi plăceau mi se păreau divinități sau ființe de pe altă planetă, la care nu aveam acces. În momentul în care mi-am dat seama că erau la fel ca mine, cu propriile lor temeri, ezitări și dorințe, acea aură de imposibilitate a dispărut.“

Cele 3 lucruri fals imposibile ale lui Héctor:

1. *Să lucrez la CERN.* „Când citeam cărți științifice, îmi imaginam întotdeauna NASA și CERN ca pe niște locuri în care doar câteva persoane alese pot să lucreze. Mi se părea un vis imposibil care avea să rămână pentru totdeauna în imaginația mea. În anul 2004 am fost acceptat la CERN, unde ceea ce îmi imaginasem a devenit realitate.“

2. *Să călătoresc în Japonia.* „Când eram mic, deschideam atlasul şi Japonia mi se părea unul dintre locurile cele mai inaccesibile din lume, o ţară îndepărtată şi exotică pe care în mod sigur nu o voi putea vizita niciodată. Acum locuiesc de doisprezece ani în Ţara Soarelui Răsare.“
3. *Să public o carte.* „Isaac Asimov era unul dintre autorii care mă pasionau când eram adolescent. I-am citit biografia şi m-a fascinat faptul că a publicat peste patru sute de cărţi. În acel moment, industria editorială pe care o descria Asimov mi se părea din altă lume. Acum, cartea noastră *Ikigai* este vândută în Statele Unite ale Americii şi în alte treizeci de ţări şi a fost publicată de Penguin, una dintre editurile care l-au publicat pe Isaac Asimov.“

De fiecare dată când nu te simţi capabil să faci ceva, este eficient să-ţi scrii propria listă cu toate lucrurile pe care cândva ai crezut că nu le vei face niciodată, dar pe care în final le-ai realizat. Uneori sunt inventare destul de ridicole, aşa cum aţi putut observa, dar sunt utile ca să depăşiţi orice piedică din acel moment.

....

GARA NR. 3 **GANBARIMASU**
Puterea răbdării și a perseverenței

Trenul-săgeată cu care călătorim spre Kyoto pare că zboară pe șine, deplasându-se ușor și constant; este rodul a mii de ore de muncă depuse de inginerii care n-au renunțat la visul lor comun până nu și l-au realizat.

Perseverența este una dintre valorile cele mai prezente în mintea japonezilor. În multe *manga** și desene animate japoneze protagonistul a avut, de regulă, o copilărie care n-a scos la iveală abilități deosebite, ci destul de multe defecte; însă el are un scop sau un obiectiv în viață, un *ikigai* care-l face să depășească obstacolele și să meargă mai departe.

Acest orizont personal îl va face să dobândească înțelepciune, să devină din ce în ce mai bun până când se transformă într-un erou al scopului său.

Dimpotrivă, în benzile desenate tipic nord-americane, eroul sau eroina are de regulă capacități înnăscute, iar motorul său interior e reprezentat mai degrabă de ambiție și sete de justiție decât de răbdare sau perseverență.

Obiective simple, realizări mărețe

O altă caracteristică a eroilor japonezi este faptul că obiectivele lor nu sunt complicate, ci simple și dezinteresate; ei nu au ambiții mari.

---

* Benzi desenate japoneze.

Un subiect tipic pentru *manga* este următorul: protagonistul vrea să fie un bun bucătar de sushi sau cel mai bun prezentator de televiziune din provincia lui, sau cel mai bun agent imobiliar. Există chiar un serial de televiziune, *Shinkansen Girl*, despre viața stewardeselor din trenurile de mare viteză și despre modul în care se străduiesc să servească din ce în ce mai bine clienții.

Iată niște obiective deloc complicate, în care se poate regăsi oricine, însă care necesită o anume tenacitate, și chiar aceasta duce la obținerea unor mari reușite personale.

Alături de perseverență, o altă valoare foarte cultivată de japonezi este răbdarea.

Ei sunt extrem de răbdători, dar nu în sensul că așteaptă ca lucrurile să se întâmple, ca și cum ar spera într-un miracol din exterior, ci se bazează pe perseverență și insistență până când ating scopul dorit.

„Dacă vrei să încălzești o piatră, stai așezat pe ea
o sută de ani."
PROVERB JAPONEZ

A face lucrurile cât se poate de bine

Perseverența ca valoare în sine este foarte des întâlnită în limba japoneză și în multe expresii folosite zilnic.

Unul dintre primele cuvinte care se învață în studiul limbii japoneze este *ganbarimasu*, 頑張ります, care se traduce prin „a face lucrurile cât se poate de bine". Primele două caractere care compun acest cuvânt sunt 頑, însemnând „încăpățânat" sau „cu hotărâre", și 張 – „a prelungi, a extinde".

Prin urmare, semnificația ar fi: „a prelungi și a extinde la maximum încăpățânarea/obiectivul propriu".

Cuvântul *ganbarimasu* se află la originea expresiei *ganbatte kudasai*, care înseamnă „să faci cât se poate de bine“, dar a cărei traducere literală este „fii încăpățânat și hotărât până când obții ceea ce-ți propui“. Se folosește mult în domeniul sportiv ca încurajare reciprocă, dar și în lumea afacerilor, atunci când există noi provocări de înfruntat.

Filozofia lui *ganbarimasu* este ca niciodată să nu te oprești înainte de a-ți atinge obiectivul.

Un plan pentru 100 de ani

Noul tren-săgeată japonez, care va face legătura între Tokyo și Nagoya (286 km) în mai puțin de patruzeci de minute, va intra în funcțiune în 2027. Nu numai că totul este planificat în cele mai mici detalii până în anul 2027, dar a fost prevăzută și prelungirea aceluiași sistem de levitație magnetică până la Osaka în 2045 și s-a estimat că în anul 2120 această investiție în tehnologie nu va mai constitui o datorie, ci va deveni aducătoare de beneficii economice atât pentru JR (Japan Railways), cât și pentru guvernul japonez.

Un plan pentru peste o sută de ani!

Înainte de a mări viteza trenului nostru săgeată personal, este important să ne fie clară destinația finală și diferitele gări prin care va trebui să trecem.

Efectul *shinkansen* promovat prin perseverență și *ganbarimasu* se poate sintetiza în următoarea formulă:

Răbdarea fără acțiune conduce la o viață pasivă. Răbdarea dublată de perseverență ne conduce la realizarea obiectivelor.

OMUL CARE EXERSEAZĂ

Psihologul suedez Anders Ericsson, coautor alături de Robert Pool al cărții *Peak** arată că *Homo sapiens* (omul care știe) ar trebui să se numească de fapt *Homo exercens* (omul care exersează), pentru că ființa umană este singura specie conștientă de faptul că prin exercițiu poate îmbunătăți lucrurile.

Totuși, nu orice tip de exercițiu conduce la progres. Ericsson discerne două tipuri:

I. EXERCIȚIUL NAIV. Este exercițiul care constă doar în alocarea de timp pentru ceva, fără nici un criteriu. Oricât de multe ore am consacra unui lucru, dacă o facem într-un mod ineficient sau chiar greșit progresul nu va fi cel dorit.

II. EXERCIȚIUL CU UN SCOP. Este exercițiul care are un plan bine definit pentru atingerea obiectivului. Ericsson recomandă trei linii directoare pentru acest tip de exercițiu:

1. *Concretizarea țelurilor*. În acest mod vom ști ce pași să facem și în ce direcție ca să ne îndeplinim obiectivul.
2. *Concentrare totală*. Acest lucru ne va permite să ne adaptăm la diferitele situații și probleme fără a pierde din vedere obiectivul.
3. *Solicitarea permanentă de feedback* ca să verificăm dacă suntem pe drumul cel bun și, în caz contrar, să facem corecțiile necesare.

NOTĂ: vezi detalii și aplicare în practică în capitolul 5, FEEDBACK, unde aprofundăm tehnicile de solicitare a feedbackului în mod eficient.

---

* *Peak: Secretele performanței de top și noua știință a expertizei*, trad. de Dan Crăciun, Publica, București, 2016.

Regula celor 10.000 de ore

Inspirându-se din studiile lui Ericsson, jurnalistul britanic Malcolm Gladwell a scris acum zece ani eseul *Excepționalii**, în care se întreabă de ce unii oameni ating succesul, iar alții nu.

Cu toate că, fără îndoială, genetica, mediul familial și educația influențează drumul spre succes, Gladwell arată că este nevoie de 10.000 de ore de exercițiu pentru a-l atinge. În acest sens citează două exemple de genii care, înainte de „a se manifesta", au parcurs această etapă de dedicare:

1. *Mozart*. Deși a început să compună la șapte ani și unele piese din adolescență sunt remarcabile, marile opere le-a scris după ce a împlinit douăzeci și unu de ani, când acumulase deja peste 10.000 de ore de compoziție, exercițiu și interpretare în public.
2. *Formația Beatles*. Și ei au avut nevoie de cele 10.000 de ore pentru a atinge în final succesul. În mare parte au făcut acest exercițiu la Hamburg, unde între august 1960 și decembrie 1962 au cântat regulat în patru cluburi diferite, perfecționându-și intens abilitățile. La întoarcerea în Anglia erau pregătiți pentru succes.

„Suntem ceea ce facem în mod repetat."
ARISTOTEL

Imaginează-ți acum că vrei să înveți ceva nou. Înainte de a-ți programa timpul pe care-l vei dedica acelui lucru, să vedem cum sintetizează Gladwell diferitele niveluri la care se poate ajunge în funcție de câte ore se alocă exercițiului:

---

* *Excepționalii: Povestea succesului*, trad. de Cătălin Georgescu, ed. Publica, București, 2009.

a) 1 oră: vom avea o introducere elementară în materie.
b) 10 ore: vom obține o perspectivă mai largă asupra principalelor concepte.
c) 100 de ore: vom atinge un nivel mediu.
d) 1000 de ore: vom deveni specialiști.
e) 10.000 de ore: vom deveni maeștri în materie.

Acest ultim nivel este cel al excelenței și, potrivit afirmațiilor lui Daniel Levitin, cercetător în neuroștiințe, reprezintă timpul de care are nevoie creierul pentru a stăpâni efectiv un domeniu de activitate umană.

Un studiu complementar realizat la Princeton avertizează totuși că exercițiul intensiv poate să nu conducă la succes dacă nu consolidăm, după ce s-a atins nivelul de măiestrie, *valorificarea oportunității.*

Dacă, în ciuda celor 10.000 de ore de rodaj, la întoarcerea din Hamburg formația Beatles ar fi exersat în continuare într-un subsol, fără să urmărească succesul de public, probabil că astăzi nu am ști că a existat.

PLANIFICĂ-ȚI CELE 10.000 DE ORE

Dacă ai o pasiune care te stăpânește, un *ikigai* căruia ți-ar plăcea să-ți dedici viața, poți să-ți planifici să ajungi la nivelul de măiestrie urmând regula descrisă în acest capitol.

Perseverența, *ganbarimasu*, este indispensabilă, însă tu alegi câți ani poți sau vrei să aloci ca să-ți atingi obiectivul măreț.

Socotelile nu înșală:

- 8 ore zilnic × 5 zile pe săptămână ...... 5 ani
- 4 ore zilnic × 5 zile pe săptămână ...... 10 ani
- 2 ore zilnic × 5 zile pe săptămână .... 20 de ani
- 1 oră zilnic × 5 zile pe săptămână .... 40 de ani.

Atingerea nivelului de măiestrie într-o perioadă relativ scurtă necesită o dedicare totală, adică pasiunea noastră trebuie să coincidă cu meseria pe care o avem. Totuşi, chiar dacă avem o altă profesie, o pasiune – practicarea unei anumite arte, a unei discipline sportive, a unui obiect de studiu – ne poate însoţi în mod fericit de-a lungul întregii vieţi.

Întrebarea este următoarea: ce pasiune sau *ikigai* mă motivează atât de mult încât să-i dedic întreaga viaţă?

În cazul în care n-ai încă un răspuns, poţi să apelezi la celebrele cuvinte ale lui Viktor Frankl: „Dacă nu ştii care este misiunea ta în viaţă, ai deja una: să o găseşti.“

....

GARA NR. 4 **DEPRINDERI NOI**
Schimbă-ți viața în 21 de zile

Pentru o clipă nu ne vom mai uita pe fereastra trenului și ne vom îndrepta privirea spre viața noastră cotidiană. Ce obiceiuri îți conduc viața? Care dintre ele te apropie de obiectivele tale și te fac să te simți bine? Care îți dăunează și te golesc de energie?

Se spune că omul este un animal cu deprinderi; în realitate, deprinderile ne sunt indispensabile pentru supraviețuire, fiind mecanisme care ne ajută să realizăm sarcini automat, fără să fim nevoiți să luăm decizii în permanență. Dacă ar trebui să gândim fiecare mișcare pe care o facem în timpul zilei, am sfârși prin a fi extenuați.

FERICIREA DE A REPETA

În romanul său intitulat *Insuportabila ușurătate a ființei**, Milan Kundera spune că fericirea este dorința de a repeta; am putea aplica acest lucru în cazul alegerii vestimentației noastre de zi cu zi.

Mark Zuckerberg, tânărul fondator al Facebook, nu a schimbat nimic din îmbrăcămintea lui de când a ținut prima prezentare în fața publicului. Încă mai poartă același tricou gri, același pulover gri închis și același tip de pantaloni și pantofi. Cum spune el însuși: „Vreau să-mi simplific viața

---

* Milan Kundera, *Insuportabila ușurătate a ființei*, trad. de Jean Grosu, Humanitas, București, 2013.

în așa fel, încât să trebuie să iau cât mai puține decizii posibil în afara celor prin care-mi servesc comunitatea."

Iată un mod zen de a simplifica lucrurile, probabil inspirat de emblematicul Steve Jobs, care ani la rând s-a îmbrăcat exact la fel în toate aparițiile sale publice: tricou negru pe gât, blugi și adidași albi.

Când autorul biografiei sale, Walter Isaacson, l-a întrebat de ce e fidel aceluiași tip de vestimentație, Jobs i-a explicat că în Japonia se împrietenise cu reputatul designer Issey Miyake, care, printre multe altele, crease uniforma personalului companiei Sony. Angajații de la Apple au respins deschis ideea lui Jobs de a le oferi o vestă concepută de Miyake, așa că în cele din urmă el a hotărât să-și stabilească sieși o uniformă, foarte practică în zilele obișnuite și, în plus, aptă să devină „brandul său personal" în timpul prezentărilor.

Fără să stea pe gânduri, Steve Jobs i-a cerut japonezului să-i fabrice o sută de tricouri negre pe măsura sa. Când Miyake l-a întrebat, surprins, pentru ce anume voia o asemenea cantitate, directorul executiv al Apple i-a răspuns: „Așa mă îmbrac eu. O să am astfel destule pentru tot restul vieții."

Mai puțin radical decât el, un alt nord-american dornic să se bucure de fericirea de a repeta a fost Barack Obama, care se îmbracă aproape exclusiv în costume gri și negre. Întrebat fiind despre această „lipsă de fantezie", a răspuns: „Nu vreau să iau decizii cu privire la ceea ce mănânc sau îmbrac în fiecare zi, pentru că am deja prea multe decizii de luat."

ANNA SÓLYOM

Virușii cotidieni

Repetarea deprinderilor utile ca să ne facă viața mai ușoară ne oferă calm și bucurie. Totuși, există și obiceiuri nocive care se instalează în interiorul nostru ca și cum ar fi niște viruși, dacă nu le eliminăm în mod conștient, iar uneori ne e aproape imposibil să scăpăm de ele.

Atunci când obiceiurile nocive preiau controlul vieții noastre cotidiene, o pot face să deraieze. În schimb, dacă le înlocuim cu deprinderi benefice, trenul spre visurile noastre își va mări viteza și, în plus, vom elibera spațiu mental, devenind mai creativi. Dacă avem un plan cu privire la ceea ce ne propunem să facem, progresul va fi asigurat.

De exemplu, romancierul Haruki Murakami se trezește în fiecare zi la ora patru dimineața și primul lucru pe care-l face este să scrie timp de cinci sau șase ore. Când termină, pe la nouă sau zece, pleacă să alerge sau să înoate. Restul zilei îl petrece plimbându-se, citind sau ascultând muzică, în funcție de dispoziție.

Legea celor 21 de zile

Charles Duhigg, jurnalist la *New York Times*, a început să fie interesat de deprinderi atunci când și-a dat seama că, în fiecare zi la ora trei după-amiaza, simțea nevoia să mănânce un biscuit mare cu ciocolată, cu toate că mâncase bine de prânz și avea probleme de obezitate.

Teoretic nu-i era foame. De unde venea atunci acel impuls irezistibil? Potrivit autorului, „deprinderile sunt alegerile negândite și deciziile invizibile care ne înconjoară zi de zi“*.

Pe parcursul cercetării sale, care reunește multe cazuri de succes, a constatat că oamenii au nevoie să insiste timp de douăzeci și una de zile pentru a induce o nouă rutină pozitivă. Orice

---

* Charles Duhigg *Puterea obișnuinței. De ce facem ceea ce facem în viață și în afaceri*, trad. de Dan Crăciun, Publica, București, 2016, p. 351.

obicei nou începe ca o alegere și după această perioadă de repetare se transformă într-un tipar automat.

Ca să ne putem reprograma mintea, primul pas este să *identificăm rutina* care ne determină să facem lucrul pe care nu este bine să-l facem. În cazul lui, Duhigg a observat că în fiecare zi la ora trei după-amiaza îl copleșea oboseala, pe care o contracara coborând la cafenea ca să cumpere biscuitul cu ciocolată.

Al doilea pas este *să experimentăm noi recompense* pentru a implementa noua deprindere. În realitate, jurnalistul de la *New York Times* avea nevoie de o pauză, iar biscuitul constituia soluția pe care o introdusese în rutina sa zilnică fără să-și dea seama. După ce a devenit conștient de asta, a înlocuit „recompensa" prin alta mai sănătoasă: ieșea din biroul lui și mergea să stea de vorbă zece minute cu câte un coleg.

Astfel reușea să facă pauza fără să-și crească greutatea și așa depășită.

Ca să-și impună noua deprindere de-a lungul celor douăzeci și una de zile, astfel încât să devină parte din rutină, Duhigg își punea o alarmă la ora la care simțea acel impuls inconștient. Era semnalul că trebuie să renunțe la ceea ce făcea și să meargă să stea de vorbă zece minute cu cineva disponibil. Dacă nu găsea pe nimeni, avea totuși posibilitatea să iasă la o plimbare.

Potrivit mai multor studii, până la patruzeci la sută dintre deciziile pe care le luăm de-a lungul zilei sunt obiceiuri de rutină pe care creierul le reproduce în mod repetat, unele de ani de zile. Nu sunt acte conștiente. Dacă le identificăm pe cele nocive, le înlocuim cu unele benefice și ne străduim douăzeci și una de zile ca să impunem noul obicei, vom experimenta o creștere a calității vieții aproape miraculoasă.

CUM IMPUNEM O NOUĂ DEPRINDERE

Am conceput acest exercițiu pornind de la tehnicile lui Charles Duhigg. Este menit să „șteargă" obiceiurile noastre nocive și să ne facă să ne atingem mai repede obiectivele.

Pentru a aprofunda subiectul, recomandăm lectura cărții *Puterea obișnuinței.*

Dar să trecem la partea practică:

Pasul 1 – Identificarea modului și momentului în care apare obiceiul:

- Care este obiceiul nociv? ____________________
- La ce oră se produce? ____________________
- În ce loc? ____________________
- Cine se află în preajmă? ____________________
- Ce emoții simți în acel moment? ____________________

Pasul 2 – Identificarea recompensei:

- Ce recompensă obții în timp ce îndeplinești obiceiul nociv? ____________________
- Prin ce deprindere sănătoasă poți să-l înlocuiești pentru a obține o recompensă similară? ____________________

De exemplu, dacă avem prostul obicei de mânca dulciuri după-amiaza, putem încerca să le înlocuim cu un morcov proaspăt sau cu niște fructe uscate. Dacă nici așa nu ne simțim satisfăcuți, putem încerca să facem o plimbare. Este posibil ca impulsul de a mânca ceva dulce să se datoreze plictiselii sau anxietății. Singura modalitate de a afla este prin testarea unor înlocuitori diferiți până când nimerim unul care să ne satisfacă fără să ne dăuneze.

Pasul 3 – Stabilirea rutinei

Schimbarea bruscă a rutinei este foarte dificilă, de aceea e important să identificăm o recompensă bună la Pasul 2, care să compenseze și să ne motiveze suficient pentru ca schimbarea să devină realitate.

După ce am stabilit la Pasul 1 cum și când apare deprinderea și la Pasul 2 recompensa care o va înlocui, putem trece la stabilirea noii rutine ce ne va ajuta să eliminăm obiceiul nociv.

- Când am chef să ______________ ceea ce voi va face va fi să ____________________ pentru că acest lucru îmi va oferi ______________________________

De exemplu: *Când voi avea poftă de* biscuiți la ora cinci după-amiază și mă voi simți singur și plictisit acasă, *ceea ce voi face va fi* să ies la plimbare ca să-mi distrag atenția *pentru că acest lucru îmi va oferi* recompensa de a mă înviora și plăcerea de a mă așeza apoi ca să citesc în timp ce beau un ceai.

....

GARA NR. 5 **FEEDBACK**
Oglinda din privirea celuilalt

Atât la îmbunătățirea unui tren, cât și la o misiune pe Lună, transmiterea unui feedback permanent reprezintă unul dintre principiile fundamentale ale ingineriei. Feedbackul este oglinda pe care ne-o oferă ceilalți asupra modului în care avansăm.

Metoda științifică se bazează tocmai pe „încercare și greșeală". Se încearcă diverse soluții, la fel cum proceda Edison când căuta filamentul pentru bec, și fiecare ratare conduce la o nouă alternativă, până când se face lumină.

Acest lucru este valabil și pentru planificarea propriei vieți. Putem să analizăm fiecare sector al existenței noastre – relații, carieră, aspect economic, sferă intelectuală – și să le evaluăm separat, acordând note de la 1 la 10 în funcție de gradul nostru de satisfacție.

Cele care obțin un punctaj scăzut vor avea nevoie de îmbunătățiri și revizuiri din partea noastră, foarte probabil prin deprinderi noi, așa cum am văzut în capitolul anterior.

Cere un feedback negativ

Când Elon Musk, despre care am vorbit la începutul acestei cărți, a fost întrebat care este secretul succesului său, a răspuns: „Acordă atenție opiniilor celorlalți..., în special feedbackului negativ primit din partea familiei și prietenilor."

Primirea sau oferirea de feedback nu este întotdeauna ușoară, căci emoțiile ne pot înșela. Ești în stare să-i spui unui prieten în faţă ce nu face bine? Eşti capabil să asociezi o critică negativă cu o activitate căreia i-ai dedicat luni întregi?

NU DA NICIODATĂ SFATURI DACĂ NU ŢI SE CER

De multe ori, atunci când observăm că în viaţa cuiva ceva nu funcţionează bine, ne simţim tentaţi să ne exprimăm opinia, cu toate că nu ne-a fost solicitată. În majoritatea cazurilor, iniţiativa noastră îi provoacă celuilalt mai mult stres decât orice altceva: dacă şi-ar fi dorit sfatul nostru, ni l-ar fi cerut.

În plus, acest feedback din partea noastră poate fi perceput ca o critică de către cealaltă persoană, care se va retrage în defensivă, şi poate chiar genera resentimente.

Acum un secol, Dale Carnegie semnala deja că foarte rar este bine-venită o critică, căci atacă stima de sine a persoanei criticate; ba ne asigura şi că se obţine mult mai mult printr-un stimul pozitiv, semnalând ceea ce se face bine.

În cazurile în care este necesară critica, pentru că avem o responsabilitate faţă de celălalt – un angajat, un student, un fiu –, înainte de a o exprima e important să pregătim cealaltă persoană cu elogii care s-o facă să se simtă iubită şi valorizată.

De fapt, s-a estimat că pentru a nu afecta o relaţie este nevoie de cinci comentarii pozitive la fiecare critică.

Atunci când primim un feedback negativ reacţionăm instinctiv fugind de el. Ne este greu să-l acceptăm. Puţine persoane stau să analizeze ce le spun ceilalţi.

Fireşte că există critici rău intenţionate generate de invidie, dar, atunci când mai multe persoane ne arată acelaşi aspect care trebuie corectat, merită să analizăm problema şi să ne asumăm schimbările necesare.

Dacă vrem să sporim calitatea lucrului pe care-l facem, ne poate fi de mare ajutor să cerem *direct* feedbackul negativ.

Trebuie să întrebăm oamenii potriviți, pe cei care știm că vor fi sinceri și nu ne vor lăuda din obligație.

Cheia pentru a obține un feedback util este să cerem opinii concrete. Dacă întrebi: „Ce părere ai despre ultima mea expoziție fotografică?", în mod sigur vei primi răspunsuri generale, de genul: „Îmi plac foarte mult fotografiile tale" ori „Este extraordinară!".

Nu vei învăța nimic din acest tip de întrebări. Dar dacă formulezi o întrebare concretă: „Dintre cele douăzeci de fotografii expuse, care ți se pare cea mai insipidă, mai fără viață?", vei primi răspunsuri mai exacte și vei ști ce să îmbunătățești data viitoare, mai ales dacă întrebi *de ce* și dacă asculți cu atenție răspunsul.

Dacă simți că persoana te poate ajuta cu feedbackul ei, cere detalii: „De ce crezi că este insipidă?"

Obținerea unui feedback bun ne permite să progresăm mult mai repede în dezvoltarea pasiunii noastre, a *ikigai*-ului nostru. Fără feedback riscăm să ne rătăcim în marea de posibilități în care busola își schimbă direcția în fiecare dimineață.

„O regulă de aur a eticii: gândește-te pentru o clipă dacă preferi să primești laude fără să le meriți, sau preferi să nu primești nici un elogiu, dar să fii o persoană care le merită."
NASSIM NICHOLAS TALEB

Câteva secrete pentru a obține un feedback util, care să-ți permită să-ți îmbunătățești viața și să te apropii de țintele tale:

- cere-l de la persoanele pe care le admiri și care știu mai mult decât tine despre subiectul respectiv;
- ignoră criticile oamenilor pe care nu-i cunoști și care știu mai puțin decât tine despre subiect;
- asigură-te că cealaltă persoană se simte onorată când îți oferă un feedback; acordă încredere celor care te ajută;

Ca să obții feedbackul concret pentru o activitate sau un proiect, poți pune aceste trei întrebări:

a) Mi-ai putea spune ce anume îți place cel mai puțin? N-o să mă supăr.

b) Ce anume îți place cel mai mult?

c) Și de ce îți place?

Dacă omul nu-ți spune exact de ce, nu-l lua în seamă. Nu este un feedback util.

METODA RCI: RENUNȚĂ, CONTINUĂ, ÎNCEPE

Potrivit afirmațiilor lui Phil Daniels, profesor de psihologie la Universitatea Brigham Young, următoarele trei întrebări sunt excelente pentru a solicita un feedback de la alții.

Obiectivul acestor întrebări este ca persoana care îți dă sfatul să nu se teamă deloc. Prima este foarte subtilă, pentru că nu întrebi direct ce anume faci prost, ci întrebi în mod indirect:

1. Ce-ar trebui să RENUNȚ să mai fac?

   ____

2. Ce-ar trebui să CONTINUI să fac?

   ____

3. Ce-ar trebui să ÎNCEP să fac?

   ____

Informațiile pe care le vei obține în urma acestor trei întrebări îți vor fi de folos pentru a accelera optimizările în toate domeniile vieții tale: muncă, relații personale, hobby-uri, artă, afaceri… Nu există drum mai scurt spre propriul progres decât să fii atent la feedbackul negativ.

GARA NR. 6 **SENPAI**
Alege-ți în viață un mentor (sau mai mulți)

Pe măsură ce vom înainta în călătoria noastră, vom lega între ele concepte pe care le-am învățat în gările anterioare. În acest capitol vom asocia regula celor 10.000 de ore cu feedbackul despre care tocmai am vorbit.

Chiar dacă ne-am așeza la pian în fiecare zi, dacă ne limităm la interpretarea, de fiecare dată, a melodiei noastre preferate pe care știm că o cântăm bine, trenul-săgeată al talentului nostru nu va atinge o viteză mare niciodată.

Pentru a obține randamentul maxim în practicarea oricărei discipline, trebuie să explorăm teritorii în care ieșim din zona noastră de confort.

Dacă schiem întotdeauna pe pistele cele mai line, nu vom ajunge niciodată să fim schiori olimpici.

Pentru a ne depăși temerile și dificultățile de a ne mișca în afara zonei noastre de confort, ne va fi foarte util un feedback continuu de prim rang, ceea ce Ericsson denumește *deliberate practice*.

Exprimat în cuvinte simple: avem nevoie de un profesor/mentor/*coach* care să ne ajute să trecem pe malul celălalt prin supervizarea și consilierea pe care ni le oferă.

Relația *senpai-kohai*

În Japonia, atunci când un proaspăt absolvent începe să lucreze într-o firmă, i se repartizează întotdeauna un *senpai* care să-l îndrume. *Senpai* nu este un şef, ci mai curând un „mentor“.

Misiunea lui este să-i transmită noului angajat (*kohai*) toate cunoştinţele şi abilităţile sale legate de activitatea pe care a desfăşurat-o de-a lungul anilor.

Relaţia *senpai–kohai* este fundamentală în transmiterea cunoştinţelor şi reprezintă un element-cheie în progresul tehnologiei şi industriei japoneze.

Imaginează-ţi că eşti *kohai* al unui inginer care proiectează motoare la Toyota de treizeci de ani. În mod sigur ai învăţa mai multe lucruri despre motoare după un an de muncă alături de el decât după toate licenţele şi masterele pe care le-ai putea face oriunde în lume.

UNIVERSITATEA ZILNICĂ A UNUI *SENPAI*

„Când am început să lucrez în Japonia, am fost surprins de cât de nepregătiți erau nou angajații din firme, în comparație cu inginerii care proveneau de la universități din străinătate. Unii nu știau nici măcar ce însemna HTML, limbajul standard utilizat de paginile web.

Totuși, cu timpul mi-am dat seama că, deși începeau aproape de la zero, capacitatea lor de a asculta și de a urma direcția trasată de *senpai*-ul lor le permitea, în decursul anilor, să devină specialiști de prim rang, depășind tot ce mi-aș fi putut imagina."

HÉCTOR

Cine este mentorul tău?

Când citim despre personaje care au ajuns mari genii, uneori avem impresia că s-au născut cu un dar şi, dintr-odată, ca prin magie, au devenit cei mai buni. Însă în spatele fiecărui geniu a existat aproape întotdeauna un maestru sau mentor care l-a îndrumat.

Tatăl lui Mozart l-a îndrumat pe fiul său de la o vârstă foarte fragedă, iar atunci când a împlinit zece ani copilul deja depășise, sub tutela lui, cele 10.000 de ore de *deliberate practice*.

În cazul lui Albert Einstein, primul lui mentor a fost Max Talmey, un oftalmolog care venea să ia masa la familia Einstein o dată pe săptămână și care a început să-i dăruiască, încă de când era doar un copil, cărți de știință.

Geniile nu se nasc, geniile se creează. Tu poți fi următorul geniu dacă, la orice vârstă, știi să-ți alegi mentorul capabil să-ți scoată la iveală toate abilitățile.

„PIANUL *SATORI*"

„Când am început să-mi dezvolt activitatea de coaching în domeniul terapiei artistice, căutam pârghii prin care creativitatea omului să iasă la suprafață dintr-odată, așa cum se scoate dopul unei sticle de șampanie. Confirmasem deja forța scrisului rapid cu elevii care spuneau că au un blocaj, dar care erau capabili să genereze texte de calitate în timpul seminarului. Ceva similar se întâmplă cu artele plastice când ne permitem să fim spontani. Atunci când autocritica și analiza permanente încetează, apar cele mai bune creații.

Părea o himeră faptul că voi reuși același lucru cu pianul, instrument care pare interzis celor care n-au luat niciodată contact cu el. Pentru a depăși această prejudecată, am conceput *pianul satori* (în limbajul zen, „iluminare bruscă"), luând ca punct de plecare metoda simplificată a profesorului Antonio Ortuño.

Provocarea era ca oricine să poată interpreta o scurtă piesă la pian cu ambele mâini încă de la prima ședință, în mai puțin de o oră, și să reușească la a patra sau a cincea ședință să cânte o versiune simplă a piesei *Canon* a lui

Pachelbel. Pentru asta aveam să-i încurajez să se joace cu claviatura fără nici o partitură, oferindu-le provocări mici, apoi din ce în ce mai mari, fără ca ei să-și dea seama.

Spre uimirea mea, toți elevii *pianului satori* au reușit să cânte cu ambele mâini de la început și într-o lună interpretau deja melodiile care le plăceau.

Totuși, scopul acestei experiențe nu a fost niciodată să descopăr mari pianiști, cu toate că unul dintre ei s-a dovedit a fi de acest nivel. Marele câștig al acestei practici este de tip psihologic: în momentul în care o persoană își demonstrează că poate să facă ceva ce nu putea cu o oră mai devreme, se declanșează o schimbare puternică pe toate planurile. Se pun sub semnul întrebării toate lucrurile așa-zis imposibile, iar persoana se avântă în mod natural spre următoarea provocare, în orice domeniu al vieții sale.

La nivel inconștient, mesajul pe care ni-l transmitem ar fi, să zicem: *dacă acum cânți la pian cu două mâini, ceea ce nu ai visat niciodată că poți face, cum să nu reușești să te lași de fumat, un lucru mult mai simplu?"*

FRANCESC

Un bun mentor îți va permite să profiți la maximum de fiecare oră de practică, în timp ce te afli într-o stare intensă de provocare și concentrare. Chiar și în chestiuni de ordin personal, un bun *senpai* ne va ajuta să facem un salt vertiginos în viață, să obținem efectul *shinkansen* și să ne sincronizăm cu *ikigai*-ul nostru, arătându-ne la fiecare pas când ne îndepărtăm de el.

Poate fi un specialist în domeniu, un terapeut, un *coach* sau un consultant, dar poate fi și un prieten cu aceeași pasiune ca tine. Și vă puteți îndruma reciproc.

Tehnici de *autocoaching*

În timp ce ne căutăm mentorul potrivit, există moduri creative de a primi un feedback la ceea ce faci:

- În orice tip de sport poți să folosești dispozitive electronice ca să-ți măsori progresul și să te asiguri că devii mai bun.
- YouTube este ideal ca să te uiți la oameni care fac același lucru ca tine, dar mai bine.
- Dacă există cineva în domeniul tău pe care-l admiri, citește interviurile lui și ia notițe. Fii receptiv la tot ceea ce a produs acea persoană și ia acele lucruri ca punct de plecare.
- Intră pe forumuri specializate, povestește ce anume faci și întreabă-i pe ceilalți când ai dileme. Imediat vei observa cine este cel mai bun de pe forum; încearcă să te înțelegi bine cu el și întreabă-l cum să progresezi.
- Dacă, de exemplu, vrei să-ți îmbunătățești abilitățile de traducător, exersează traducând romanul tău preferat. Compară rezultatul cu textul traducătorului cărții. Analizează frază cu frază. De ce traducătorul a ales un anume cuvânt și tu ai ales altul?
- Citește cărți și biografii ale celor care au obținut ceea ce-ți dorești.

ȘABLON PENTRU O SESIUNE DE *DELIBERATE PRACTICE*

1. Planifică obiectivul, uită-te și observă

Planifică obiectivul sesiunii. Dacă este ceva cu totul nou, începe prin a observa specialiștii care au reușit în domeniu și acordă atenție lucrărilor lor. Sunt mai bune decât ale tale? De ce?

2. Sesiunea de practică

În timpul practicii concentrează-te exclusiv pe ceea ce faci. Ca să nu-ți pierzi concentrarea poți să folosești tehnica *pomodoro* prezentată în capitolul 12.

Dacă e vorba de o activitate mecanică la care trebuie să-ți îmbunătățești mișcările corpului, filmează-te.

3. Autofeedbackul

După terminarea sesiunii de practică este momentul să tragi concluziile. Cum a fost sesiunea de astăzi? Cum te-ai simțit? Fericit? Plictisit? Lipsit de concentrare? ________________

____

____

Ce notă de la 0 (ușor) la 5 (dificil) ai da sesiunii? __________

Dacă a fost prea ușor, caută pentru următoarea sesiune ceva mai dificil.

4. Identifică erorile pentru a le corecta

La ce am greșit în mod repetat? Unde au apărut mai multe ezitări? Ce trebuie să îmbunătățesc? __________________

____

____

Dacă nu ai greșit, ceea ce faci nu este suficient de ambițios și, prin urmare, nu progresezi.

5. Notează ezitările care au apărut pe parcursul sesiunii

Hotărăște înainte pe cine vei consulta în legătură cu ezitările tale. Poate exista pe un forum de internet, pe rețelele sociale un specialist sau un prieten care se ocupă cu ceea ce te interesează.

Notează întrebările tale şi răspunsurile pe care le primeşti:

6. Aspecte de îmbunătăţit la următoarele sesiuni:

GARA NR. 7 **EMULAȚIE**
Descoperă, imită și depășește

Am vorbit la începutul cărții despre miracolul pe care l-a presupus crearea trenului japonez de mare viteză, însă puțini știu că inventatorul primei locomotive funcționale se numea Richard Trevithick.

În 1802, acest inginer britanic a construit prodigioasa mașină într-o fabrică siderurgică din Țara Galilor. I-a vândut brevetul de invenție un an mai târziu lui Samuel Homfray, proprietarul acelei fabrici, care, văzând ceea ce putea să facă mașinăria, a pariat cu un alt industriaș că locomotiva va remorca zece tone de fier pe o distanță de 15,7 kilometri de cale ferată până în localitatea Abercynon.

După o intensă așteptare, pe data de 21 februarie 1804, cinci vagoane încărcate cu fier, având șaptezeci de persoane la bord, au fost remorcate până la destinație, călătorind cu o viteză de aproape patru kilometri pe oră (fără încărcătură, mașinăria putea să atingă douăzeci și cinci de kilometri pe oră). Pentru a înfăptui această izbândă, primul tren cu aburi din istorie a avut nevoie de patru ore și cinci minute.

Totul are un început, iar *capacitatea noastră de a îmbunătăți ceva existent este efectiv nelimitată*. Acest lucru se aplică deopotrivă oricărui proiect personal, oricât de mic sau neînsemnat ni s-ar părea.

Îmbunătățirile se fac prin imitație

Benjamin Franklin, care ocupă un rol central într-un capitol al acestei cărți, practica un curios exercițiu intelectual: citea articole din reviste și după câteva zile încerca să scrie ceea ce a citit așa cum își amintea. Apoi compara cu textul original.

Această metodă de inițiere nu este deloc neobișnuită. Marii pictori au debutat copiindu-i pe cei pe care-i admirau și comparând apoi rezultatul final cu originalul.

10 LUCRURI DESPRE CREATIVITATE PE CARE NU ȚI LE-A SPUS NIMENI

Cartea lui Austin Kleon, *Fură ca un artist**, reunește zece secrete nebănuite ca să duci la bun sfârșit un proiect, iar primul are legătură cu alegerea unui model pentru a-l imita și depăși:

1. *Fură ca un artist.* Nu este vorba de plagiat, ci de alegerea unor exemple admirabile, fie lucrări, fie oameni, ca punct de plecare în propriile noastre proiecte.
2. *Nu aștepta până afli cine ești ca să pui lucrurile în mișcare.* Începe imediat, cu orice, iar pe parcurs îți vei descoperi identitatea, talentul, *ikigai*-ul.
3. *Scrie cartea pe care ți-ar plăcea s-o citești.* Ceea ce nu s-a realizat încă și ceea ce-ți lipsește poate fi misiunea ta în viață.
4. *Folosește-ți mâinile.* Trebuie să ne îndepărtăm de ecrane ca să ne folosim de cele mai bune instrumente. „Calculatoarele ne-au privat de sentimentul că, în fond, noi creăm lucrurile"**, afirmă Kleon; trebuie să-ți implici întregul corp, nu doar creierul.

---

* Austin Kleon, *Fură ca un artist: 10 lucruri pe care nu ți le-a spus nimeni despre cum să fii creativ*, trad. de Ileana Ioniță-Iancu, Paralela 45, Pitești, 2012.

** *Ibid.*, p. 61.

5. *Proiectele colaterale și hobby-urile sunt importante.* Pasiunile ne fac fericiți și, în plus, pot deveni proiecte care să ne transforme viața proprie și pe a celorlalți.
6. *Secretul: fă treabă bună și împărtășește-le-o și celorlalți.* Arătându-le altora creațiile, ba chiar și gândurile tale, vei avea posibilitatea de a primi feedback și sugestii bune.
7. *Geografia nu mai este stăpâna noastră.* Potrivit lui Kleon, călătoriile „îți [dau] sentimentul că lumea arată altfel și, când lumea arată altfel, creierul tău muncește mai mult"*.
8. *Fii amabil (lumea nu este decât un orășel).* În loc să discuți în contradictoriu, canalizează-ți energia spre un scop creativ.
9. *Fii plictisitor (este singura cale prin care îți duci munca la bun sfârșit).* După „accesul creativ", rutina și consecvența, așa cum am văzut, sunt importante pentru a îndeplini și desăvârși acea „idee măreață" pe care ai avut-o.
10. *Creativitatea înseamnă selecție.* Ca să combați excesul de informație trebuie să te concentrezi pe ceea ce este esențial în activitatea ta, lăsând restul deoparte.

În Japonia „copiatul" nu are conotația negativă din Occident dacă se adaptează sau se îmbunătățește ceea ce este imitat.

De fapt, gravurile *ukiyo-e*, cum este celebra ilustrație cu valul și muntele Fuji în fundal, sunt copii ale unui model original. Modelul nu are valoare, valoroase sunt reproducerile.

În limba japoneză multe cuvinte care înseamnă „a copia" se apropie mai mult de noțiunea de „oglindire", iar oglindirea unui lucru poate fi uneori chiar mai frumoasă decât originalul.

---

* *Ibid.*, p. 102.

Valoarea lucrurilor efemere

În școlile occidentale suntem învățați că un lucru are o valoare cu atât mai mare cu cât este mai vechi. O biserică ce dăinuie de patru sute de ani apare în ghidurile turistice, în timp ce alta, care a fost distrusă în război și a fost reconstruită acum cincizeci de ani, probabil că va trece neobservată.

În Japonia, importantă este frumusețea lucrului în sine și nu contează prea mult dacă e vorba de o copie sau o reconstrucție a originalului. Aceeași educație japoneză se bazează pe repetarea unor *katas*, care încearcă să copieze un anumit tipar.

Sanctuarul șintoist de la Ise, considerat cel mai important din lume, este dărâmat la fiecare douăzeci de ani și se reconstruiește „exact" la fel. E vorba de o tradiție care se practică din anul 690. Calculul arată că templul de la Ise a fost reconstruit de peste șaizeci de ori „copiind" întotdeauna același proiect arhitectonic.

Potrivit gândirii șintoiste, această tradiție ajută la menținerea prospețimii și purității locului. Dar tradiția de reconstruire a sanctuarului de la Ise nu este bine văzută de ghidurile turistice și de comitetul care decide ceea ce constituie Patrimoniul Umanității, incapabile să înțeleagă valoarea lucrurilor efemere.

Simbioză pentru a crea ceva nou

Înainte de secolul IV, japoneza era o limbă lipsită de orice fel de scriere. În loc să-și creeze propriul sistem, japonezii au preluat scrierea chineză bazată pe caractere *hanzi*. Evident, caracterele *hanzi* nu se adaptau perfect limbii japoneze, motiv pentru care a fost necesar să fie modificate în caractere cunoscute astăzi drept *kanji*. Mai mult, a fost necesară crearea a două alfabete noi: *hiragana* și *katakana*.

Astfel, japonezii și-au „creat“ limba: au preluat ceva existent și l-au adaptat la nevoile lor. Exact același lucru s-a întâmplat și cu trenul-săgeată care a uimit lumea în timpul Olimpiadei de la Tokyo.

Un alt caz curios și remarcabil se referă la benzile desenate japoneze, *manga*. Osamu Tezuka, despre care am vorbit în *Ikigai*, este considerat părintele *manga* și și-a întemeiat stilul pe filmele de animație ale lui Disney, pe benzile desenate americane și pe desenele tradiționale japoneze.

Pornind de la aceste trei ingrediente, a creat nu numai un nou tip de benzi desenate, ci și un nou gen, denumit *manga*.

Ca artă, s-ar putea situa la încrucișarea dintre banda desenată, filmul de animație și roman. Încă o dată, Tezuka s-a inspirat din ceea ce văzuse în străinătate, dar a adaptat totul la modul de a gândi și la arta specifice țării sale.

Îmbunătățirea prezentului

Este bine știut că japonezii sunt foarte abili în imitarea și îmbunătățirea lucrurilor. De aceea, dacă întrevăd o posibilitate nouă de afacere provenită din Statele Unite, o preiau în mare viteză.

Atunci când a început să-și înființeze primele restaurante în Japonia, Starbucks și-a dat seama că existau deja câteva zeci de lanțuri de cafenele cu un model similar. Fusese copiat! Iar când 7-Eleven a început să invadeze Japonia cu magazine non-stop, japonezii nu numai că au copiat modelul de distribuție, ci au și cumpărat 7-Eleven, care acum este companie japoneză.

Odată preluată, compania a fost îmbunătățită și a cucerit Statele Unite ale Americii cu magazine mai numeroase și produse japoneze.

Mai recent, firmele spaniole au început să exporte cu succes *jamón*, iar multe restaurante să ofere rețete care includeau *jamón serrano*. Treptat, *iberiko buta* イベリコ豚 „porcul iberic" a fost inclus în rețetele tradiționale japoneze.

Așa cum era de așteptat, s-a ajuns ca *iberiko buta* să fie produs în Japonia. Este vândut în orice supermarket și este mai ieftin decât *jamón*-ul din Spania. Dacă examinăm eticheta, vedem că, într-adevăr, provine de la porcii din Hokkaido hrăniți cu *beriota* (au importat astfel inclusiv cuvântul *bellota*, „ghindă").

Dacă se va întâmpla ca și cu whisky-ul, firmele spaniole vor avea motiv de îngrijorare. După ce au copiat și îmbunătățit procesele din cele mai bune distilerii scoțiene, Yamazaki Single Malt Sherry Cask a fost votat de criticii britanici, acum câțiva ani, drept cel mai bun whisky din lume.

O TRAMBULINĂ CA SĂ TE AUTODEPĂȘEȘTI

Alege o lucrare, pe care o admiri în mod special și care are legătură cu abilitățile tale, dintr-un domeniu anume, cum ar fi scrisul, muzica, desenul sau, de ce nu, gastronomia.

Să ne imaginăm, de exemplu, că este vorba de un roman și că ai oarecare înclinație spre scris.

În acest caz, ai de făcut următorii pași:

1. *Analizează ultimul roman care te-a impresionat.* Ia notițe despre punctele tari care-l fac atât de seducător (de exemplu, dialoguri foarte surprinzătoare, frumusețea descrierilor, întorsăturile intrigii).

---

2. *Depistează punctele slabe.* Chiar și capodoperele au aspecte care, după gusturile noastre, ar putea fi îmbunătățite (de exemplu, într-un roman, pasaje care trenează, capitole de tranziție, un final nu prea reușit). Notează-le.

---

3. *„Importă" îmbunătățiri de la alte lucrări.* Într-un exercițiu de simbioză, caută opere care să nu aibă acele puncte slabe și adaugă-le la lista de caracteristici ale romanului ideal.

---

4. *Începe o lucrare cu toate acele virtuți.* După ce ai întocmit o listă de trăsături pozitive ale tuturor romanelor, ia-o drept ghid pentru propriul tău proiect.

Este posibil ca din prima încercare să nu reușești să creezi o lucrare importantă, dar vei avea o direcție bună de lucru și s-ar putea ca într-o zi să depășești originalul, ori, mai mult decât atât, să creezi pornind de la acea simbioză ceva absolut nou care să-i inspire pe alții.

Mulți artiști care au început prin a imita au ajuns să fie imitați.

GARA NR. 8 **ELEMENTUL TĂU**

Prin ceea ce nu-ți place ajungi la ceea ce-ți place

În *Ikigai* vorbeam despre importanța descoperirii pasiunii noastre, a unei activități care să ne permită să intrăm în flux în mod fericit și să ne facă să ne simțim utili oamenilor.

Totuși, în societatea actuală, supraîncărcată de stimuli, urgențe și obligații, nu este ușor să știm cu ce vrem să ne ocupăm într-adevăr. Și înainte de a porni trenul nostru de mare viteză, este absolut necesar să știm clar încotro ne îndreptăm.

Probabil că de aceea sunt atâția oameni care, deși sclipitori, duc o existență apatică, departe de creativitate și de căutarea sensului vieții.

Cum pot să se reconecteze cu pasiunea?

Locul nostru în univers

După etapa preșcolară, multe școli nu numai că nu stimulează creativitatea elevilor, ci uneori chiar le anulează imaginația. Pentru a-i introduce pe cei mici în domeniul artelor și creativității, ei trebuie înscriși la activități extrașcolare, care presupun o povară economică pentru părinți și muncă suplimentară pentru copii.

Regatul Unit al Marii Britanii a înființat în 1998 o Comisie pentru creativitate, educație și economie condusă de sir Ken Robinson, care a ajutat la schimbarea modului în care era văzută educația nu doar în Marea Britanie, ci și în întreaga lume.

Foarte critic la adresa sistemului educațional, sir Ken Robinson a fost una dintre victimele acestuia și deplângea faptul că nici școala generală, nici liceul și nici universitatea nu le permit oamenilor să-și dezvolte talentele și să descopere cu ce anume doresc să se ocupe cu adevărat.

Definiția lui pentru Element are multe în comun cu graficul care deschidea cartea noastră *Ikigai*, grafic în care pasiunea și munca se îmbină într-un același lucru.

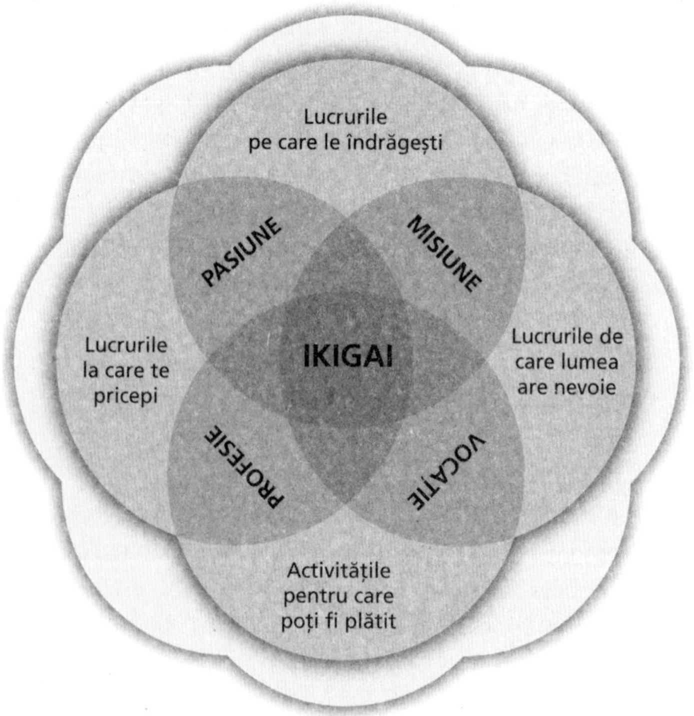

După cum îl definește Robinson, „Elementul este locul în care aptitudinile naturale se întâlnesc cu pasiunile personale"*. Este vital ca toți să ne descoperim Elementul propriu, nu numai pentru că ne va face să ne simțim mai mulțumiți, ci și pentru că, pe măsură ce lumea evoluează, chiar viitorul comunităților noastre va depinde de asta.

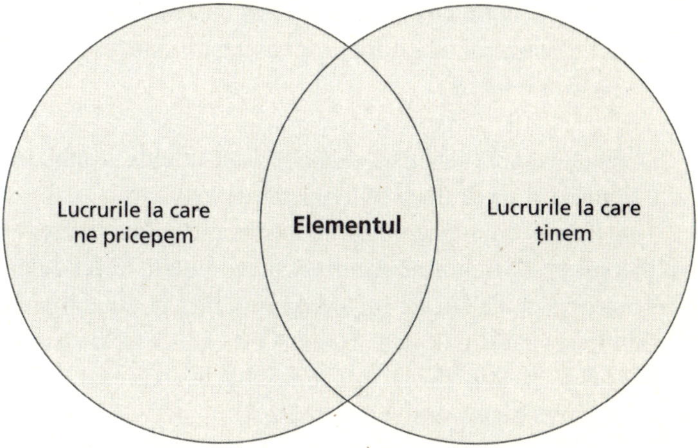

Nu este ușor să pornim în această căutare a locului care ne revine în univers și de multe ori ne confruntăm cu obstacole care ne determină să abandonăm. Nu doar propriile noastre temeri și nesiguranțe, ci chiar și societatea pune piedici celor curajoși și îi învață minte pe cei care gândesc diferit.

Orizontul următor

În lucrarea sa recentă, *Descoperă-ți Elementul*, Robinson ne oferă o serie de linii directoare ca să putem lucra la ceea ce ne place și să contribuim cu talentul nostru la o societate mai creativă:

- Lăsând deoparte modestia și nesiguranțele, descoperă o dată pentru totdeauna care sunt materiile sau aptitudinile care ți se potrivesc în mod natural.
- Transformă-te într-o persoană sigură pe sine și responsabilă, capabilă să-și apere și să-și amplifice competențele.
- Descoperă ce anume te face să te trezești dimineața, ce te motivează.
- Află cum anume poți să te distrezi cu ceea ce ai dori să faci. Pentru că, de exemplu, a naviga nu este totuna cu a construi o barcă.

După ce vei afla care este *elementul* tău și unde se află, trebuie să pornești la drum și să te bucuri de aventură.

Toți cunoaștem oameni atât de încântați de ceea ce fac, încât mersul la serviciu este pentru ei un stimulent la fel de puternic ca o vacanță. Nu are importanță ce sunt: pot fi pompieri, învățători sau analiști de date. Esențial este faptul că și-au găsit *elementul* și că, prin efortul lor, contribuie la crearea unei planete mai prietenoase și mai generoase.

Acest lucru este la îndemâna tuturor. Așa cum spune Robinson: „Și aventura ta va avea parte de provocările și recompensele sale. Chiar dacă nimeni n-a mai trăit până acum viața ta, există indicii lăsate de mulți înaintași care te pot călăuzi pe drum. Până la urmă, numai tu vei ști dacă ai ajuns la țintă sau dacă trebuie să te avânți către următorul orizont – dacă ți-ai găsit Elementul, sau dacă încă-l mai cauți. Oricare ar fi situația, nu trebuie să te îndoiești nici o clipă de faptul că merită să întreprinzi această expediție.“*

* *Ibid.*, p. 26.

TESTUL NEGATIV/POZITIV

Creatorul psihomagiei, Alejandro Jodorowsky, spunea că dacă nu știi ce anume îți place trebuie să notezi ceea ce nu-ți place și, prin eliminare, vei ajunge la ceea ce îți place.

Așa începe și exercițiul care urmează:

1. *Notează tot ceea ce nu-ți plăcea să studiezi.* Poți să începi cu materiile pe care le detestai în școală sau în timpul celorlalte studii și să precizezi de ce.

---

2. *Fă o listă de îndeletniciri pe care le urăști.* Dacă ai experiență profesională, scrie care sunt acele ocupații care te-au făcut să te simți gol pe dinăuntru sau înstrăinat și argumentează de ce.

---

3. *Fă un inventar al lucrurilor cotidiene pe care nu-ți place să le faci.* Aici pot intra activități casnice, de organizare a agendei sau orice obligație de zi cu zi care ți se pare constrângătoare, apoi precizează din nou de ce.

---

4. *Găsește numitorul comun în tot ceea ce nu-ți place. În ce privință se aseamănă „punctele“ de pe listele tale negative?* Dacă afli, vei găsi o direcție pe care trebuie s-o eviți în căutarea Elementului tău.

- *Te obosesc sarcinile repetitive sau, dimpotrivă, te copleșesc lucrurile care necesită o gândire creativă, luarea de decizii?*

  ____

- *Sunt activități solitare, sau care se fac în prezența cuiva?*

  ____

- *Aceste sarcini sunt generate de o solicitare externă, sau depind doar de tine?*

  ____

- *Implică efort fizic, sau intelectual?*

  ____

5. *În continuare, notează tot ceea ce-ți place sau ți-a plăcut să faci la fiecare dintre categoriile de mai sus:*

- *Școală și formarea ulterioară*

  ____

- *Ocupații*

  ____

- *Sarcini cotidiene*

  ____

6. *Găsește numitorul comun la tot ceea ce-ți place, cu aceleași întrebări ca la punctul 4. Și adaug-o și pe a cincea: există un singur domeniu sau o singură idee care definește Elementul tău?*

____

____

7. *Printre aceste activități există vreuna pe care ai renunțat s-o mai faci? De ce ai abandonat-o? Ce poți să faci ca s-o recuperezi?*

---

8. *Întocmește un clasament al lucrurilor pe care le îndrăgești sau pe care le-ai îndrăgit. Ce s-ar afla pe primul loc? Cum poți să-i faci un loc cât mai important în viața ta?*

---

9. *Acum, când ceea ce te pasionează devine evident, pune-ți următoarea întrebare-cheie: ce lucru mi-am dorit întotdeauna să fac, dar nu am îndrăznit până acum să mă apuc de el?*

---

10. *Decide cum, unde și când te vei apuca – și semnează, ca dovadă a angajamentului tău.*

....

GARA NR. 9 **FRANKLIN**
O metodă de a ne amplifica virtuțile

Ca să ne continuăm călătoria, să aruncăm o privire în trecut și să cunoaștem viața unui om care, în secolul XVIII, și-a dezvoltat propriile instrumente pentru a se menține sincronizat cu *ikigai*-ul său.

Autoreflecția și admirația au fost cele două mijloace pe care le-a utilizat Benjamin Franklin pentru a-și depăși limitele. Biografia sa este eclectică și aproape fără limite: s-a remarcat ca politician și inventator al paratrăsnetului, dar a avut și un rol esențial în Revoluția Americană și în formarea Statelor Unite ale Americii.

Cu toate astea, în mod sigur, una dintre fațetele lui cele mai ascunse este cea de filozof și, utilizând terminologia actuală, de creator al unei interesante metode de dezvoltare personală.

„Există trei lucruri extrem de dure: oțelul,
diamantul și autocunoașterea."
BENJAMIN FRANKLIN

Un pionier al dezvoltării personale

Protagonistul acestei gări ar putea fi definit ca un precursor al dezvoltării personale pe vremea când acest concept, în mod evident, nici măcar nu exista. De ce?

Acest intelectual american neliniștit era deja conștient că autocunoașterea și imitarea celor mai buni decât noi într-un domeniu constituie cheia pentru a ne depăși propriile limite.

Când a împlinit douăzeci de ani, Benjamin Franklin și-a stabilit un obiectiv foarte ambițios: să atingă perfecțiunea morală. În acest scop, și-a dedicat mult timp citirii de biografii ale marilor personalități care îl precedaseră, extrăgând din ele virtuțile care, considera el, trebuiau să-i ghideze pașii.

Carnețelul lui Franklin

Ceea ce se cunoaște sub numele de „cele treisprezece virtuți ale lui Benjamin Franklin" sunt: cumpătarea, tăcerea, ordinea, hotărârea, austeritatea, sârguința, sinceritatea, echitatea, moderația, curățenia, liniștea, castitatea și umilința.

Dacă ne-am pune în locul lui, ne-am întreba cum se face că o persoană de douăzeci de ani, care caută perfecțiunea morală, poate rămâne atât de disciplinată în căutarea acestor virtuți.

Benjamin Franklin se ajuta de niște cartonașe precum cel pe care-l vedem mai jos. Pe ele nota zilele și calitățile necesare pentru a atinge perfecțiunea. Săptămânal, se concentra asupra unuia dintre ele, punându-l primul pe listă, și marca fiecare zi în care practicase cu suficientă stăruință virtutea respectivă.

După treisprezece săptămâni, adică aproximativ trimestrial, termina seria și o lua de la capăt.

	DUMINICĂ	LUNI	MARȚI	MIERCURI	JOI	VINERI	SÂMBĂTĂ
Cumpătarea	X	X		X		X	
Tăcerea	X	X	X		X	X	
Ordinea	X	X	X				
Hotărârea							
Austeritatea							
Sârguința							
Sinceritatea							
Echitatea							
Moderația							
Curățenia							
Liniștea							
Castitatea							
Umilința							

Pentru a decide dacă și-a îndeplinit obiectivul zilei, la finalul ei își făcea o autoanaliză. Cu alte cuvinte, observa zilnic cât de consecvent a fost în căutarea perfecțiunii.

La sfârșitul vieții, deși considera că nu atinsese perfecțiunea morală, Franklin credea că rutina sa comportamentală strictă și autocunoașterea îl transformaseră într-un om mai bun. De aceea, se simțea dator „față de carnețelul lui pentru fericirea întregii sale vieți".

„În general, fericirea umană nu se obține prin mari noroace, care pot apărea foarte rar, ci prin lucrurile mărunte ce se întâmplă în fiecare zi."
BENJAMIN FRANKLIN

Cele treisprezece virtuți

Să vedem deci ce virtuți au făcut din inventatorul paratrăsnetului un om mai înțelept, fericit și consecvent. Ideile lui Franklin asociate cu fiecare virtute sunt din secolul al XVIII-lea, dar aproape toate continuă să fie pe deplin valabile și astăzi.

1. *CUMPĂTAREA*. „Să nu mănânci până te saturi, să nu bei până la beție." Fără să fie conștient de ea, Franklin cunoștea deja regula *Hara hachi bu* a japonezilor: când te-ai săturat în proporție de optzeci la sută, oprește-te din mâncat.
2. *TĂCEREA*. „Spune doar ceea ce le poate fi de folos altora sau ție însuți, evită conversațiile lipsite de importanță." Sau, cum spune o zicală japoneză: „Ceea ce ai de spus spune mâine." În ultimul capitol al acestei cărți vom vorbi despre importanța cuvintelor pe care le rostim.
3. *ORDINEA*. „Toate obiectele tale să aibă locul lor, toate problemele tale să-și găsească momentul oportun." În bestsellerul său *Magia ordinii**, Marie Kondo subliniază influența pe care spațiul, mediul înconjurător, o are asupra armoniei mentale pentru manifestarea *ikigai*-ului nostru.
4. *HOTĂRÂREA*. „Hotărăște-te să realizezi ceea ce ar trebui să faci, realizează fără greș ceea ce ai hotărât." În capitolul 3, unde am introdus conceptul de *ganbarimasu*, am văzut câtă putere au hotărârea și efortul în fiecare aspect al vieții noastre.
5. *AUSTERITATEA*. „Cheltuiește doar ceea ce poate aduce un bine pentru alții sau pentru tine. Exemplu: nu risipi nimic." Transpus în termeni moderni, *less is more*, mai puțin

---

* Marie Kondo, *Magia ordinii. Senzaționala metodă japoneză de a-ți elibera și organiza casa,* trad. de Ștefania Mihalache, Lifestyle Publishing, București, 2015.

înseamnă mai mult. Minimalismul în viață ne invită să avem mai puține lucruri și relații, dar de mai bună calitate.

6. *SÂRGUINȚA*. „Nu pierde timp, ocupă-te mereu de ceva util, întrerupe orice acțiune nenecesară." În capitolul 33 al cărții vom vorbi despre *kaizen*, arta de a include în viața noastră mici îmbunătățiri zilnice.
7. *SINCERITATEA*. „Nu recurge la înșelătorii care pot răni, gândește sincer și corect și, dacă vorbești, fii consecvent cu ceea ce spui." În cuvintele lui Gandhi: „Fericirea este armonia între ceea ce gândești, ceea ce spui și ceea ce faci."
8. *ECHITATEA*. „Nu răni pe nimeni cu insulte sau omițând să-ți faci datoria față de el." Liniștea mentală dată de faptul că facem ceea ce este corect ne salvează de o uzură ce ne-ar periclita energia și succesul.
9. *MODERAȚIA*. „Evită extremele; abține-te de la injuriile provocate de resentimente, chiar dacă tu crezi că sunt meritate." Până la urmă, descărcările negative sunt toxice pentru toată lumea.
10. *CURĂȚENIA*. „Nu tolera necurățenia de pe corp, de pe haine sau din cameră." În *Manualul de curățenie al unui călugăr budist*, Keisuke Matsumoto arată că orice curățenie exterioară este în același timp interioară și, prin urmare, înseninează sufletul.
11. *LINIȘTEA*. „Nu te supăra din nimicuri sau din incidente obișnuite ori inevitabile." Marele maestru zen Taisen Deshimaru spunea că, independent de faptele exterioare, omul este, prin natura sa, „tăcut, pașnic și calm".
12. *CASTITATEA*. „Bucură-te rar de plăcerea sexuală, fă-o doar în scopuri sănătoase sau de procreare, niciodată din plictiseală sau pentru a afecta pacea ori reputația proprie sau a altei persoane." Este, probabil, singura virtute căzută în desuetudine, cu toate că, în mod sigur,

dacă înşeli pe cineva pentru a te bucura de sex nu vei avea linişte sufletească.

13. *UMILINȚA.* „Imită-i pe Isus şi Socrate.“ Nu e nevoie să spunem mai mult.

CREEAZĂ-ȚI PROPRIUL „CARNEȚEL FRANKLIN"

Ca să aplici această metodă de dezvoltare personală în viața de zi cu zi, ia-ți un caiețel pe care să-l poți purta asupra ta sau foloseşte aplicația *Notes* de pe telefonul mobil.

Adaptând metoda Franklin la nevoile tale:

1. Fă un tabel, asemenea cartonaşului pe care l-ai văzut mai sus, cu valorile pe care vrei să le dezvolți şi zilele săptămânii.
2. Consacră fiecare săptămână dezvoltării uneia dintre aceste valori şi începe-ți ziua cu un obiectiv precis (de exemplu: pentru a practica *recunoştința*, astăzi voi trimite un e-mail unui fost profesor care m-a ajutat mult în formarea mea ca persoană).
3. Dacă într-o zi nu ai practicat virtutea respectivă, nu vei bifa căsuța. La sfârşitul săptămânii vei putea verifica dacă ai fost constant în urmărirea acelui obiectiv.
4. La sfârşitul săptămânii, examinează în tabel virtuțile pe care le-ai dezvoltat mai mult. Dacă ai şapte bife, înseamnă că deja ai integrat valoarea corespunzătoare în viața ta. Dacă ai puține bife, înscri-o din nou în tabel pentru a o exersa în săptămânile următoare.

GARA NR. 10 **GASSHUKU**
Sesiunile *shinkansen*

Japonezii consideră că nimeni, luat individual, nu este la fel de inteligent ca un grup de persoane talentate. În această cultură este foarte importantă suma sinergică, ea e mai presus de orice individualitate.

Până și activitățile care se desfășoară solitar se fac mai cu spor atunci când mai multe persoane talentate lucrează în același timp, chiar dacă fiecare se ocupă de propriul său proiect. Creatorul solitar este însoțit de exemplul altor creatori care luptă pentru visul lor. A împărți spațiul cu alte persoane în plină efervescență duce la eliberarea unei energii foarte puternice.

În continuare vom vedea o ilustrare dintre cele mai faimoase și surprinzătoare.

Poveste de groază

În urmă cu două secole, mai mulți scriitori englezi se adunau la Villa Diodati, pe malul lacului Leman, la Geneva. Reședința fusese închiriată de Lordul Byron, care l-a invitat acolo pe poetul Percy B. Shelley, însoțit de soția sa, Mary. În casă se mai afla și medicul personal al lui Byron, J.W. Polidori.

Întâlnirea a avut loc în „anul fără vară“, cum avea să fie cunoscut din cauza brutalei erupții a vulcanului Tambora, din Indonezia de astăzi, care a cufundat în iarnă emisfera nordică în timpul lunilor estivale.

În plin climat apocaliptic, Lordul Byron le-a propus prietenilor și medicului său un joc: fiecare să se închidă în camera lui până când va reuși să scrie o poveste de groază.

Polidori a scris un fragment din ceea ce avea să devină *Vampirul*, primul roman de acest gen scris vreodată. Când s-au adunat ca să-și prezinte scrierile, medicul lui Byron ar fi fost de departe câștigătorul provocării, însă a avut ghinion. Cu ocazia exercițiului, soției lui Shelley, Mary Wollstonecraft, i-a venit ideea să conceapă nici mai mult, nici mai puțin decât romanul *Frankenstein*.

A fost inspirată de conversațiile dintre soțul ei și Polidori referitoare la cercetările epocii privind stimularea electrică a corpurilor lipsite de viață, pentru a se încerca resuscitarea lor.

Această capodoperă a genului nu s-ar fi plăsmuit probabil niciodată dacă toate acele minți cu imaginație fertilă nu s-ar fi închis în același loc.

Gasshuku

„— Peste două săptămâni trebuie să mergi la un *gasshuku*, mi-a spus o secretară din departament.

A încercat să-mi explice în ce consta un *gasshuku*, dar nu am înțeles decât că urma să mergem cu toții într-o călătorie ca să ne petrecem weekendul în peninsula Izu.

Alături de colegii de muncă, am ajuns, foarte încântat, la un hotel tradițional (*riokan*). După cina de vineri, am intrat într-o cadă cu apă termală înconjurată de bambuși, cu vedere spre muntele Fuji, sub clar de lună.

«Dacă sunt plătit pentru asta, este foarte mișto!» mi-am zis cu un zâmbet larg.

A sosit ziua de sâmbătă, iar la ora cinci dimineața eram cu toții în picioare. Micul dejun l-am luat în sala de conferințe din hotel, în timp ce președintele companiei ne dădea instrucțiuni referitoare la ceea ce aștepta de la noi.

Restul weekendului a fost un maraton de muncă, fără nici o clipă liberă în care să mai intru în apa termală cu vedere spre Fuji.

Luni, în loc să mă simt relaxat după călătorie, eram epuizat, însă aveam un sentiment de satisfacție. În timpul celor două zile de *gasshuku* generaserăm mai multe idei și rezolvaserăm mai multe probleme decât am fi reușit să facem în câteva săptămâni la birou."

HÉCTOR

Sesiune intensivă de creativitate

În japoneză, termenul *gasshuku* se folosește pentru a desemna întâlnirea unor colegi de serviciu, de studii sau chiar a unor persoane care împărtășesc un hobby (de exemplu, artele marțiale) într-un loc diferit de cel obișnuit, cu un obiectiv comun: optimizarea activității prin utilizarea ideilor întregii echipe. Este ceea ce în engleză se numește *offsite meeting* sau, în mediul inginerilor, *hackathon*.

Adesea visăm să dedicăm mai mult timp pasiunii noastre, cultivării *ikigai*-ului nostru, dar suntem ocupați cu sarcini și obscure activități de rutină care ne umplu orele vieții cotidiene.

Nu este vina noastră. Sunt atât de numeroase piesele de puzzle care formează rutina noastră zilnică, încât ne e greu să facem schimbări radicale. Putem să îndeplinim obiective modeste, cum ar fi să mergem la un curs de desen de o oră în fiecare joi. Nu e deloc rău să mergi săptămânal la o școală, dar după trei luni vom fi alocat desenului doar douăsprezece ore.

Îți imaginezi cum ar fi să petreci un weekend într-un hotel la munte, cu trei sau patru prieteni și prietene pasionați de desen, pictând timp de douăsprezece ore pe zi peisaje din natură?

Fără îndoială, într-un singur weekend s-ar obține rezultatele a jumătate de an de cursuri săptămânale.

HOTELUL ROMANCIERULUI

„Într-o perioadă în care nu reușeam să mă concentrez ca să-mi termin romanele, am început să-mi fac obiceiul, când se apropia termenul de predare, de a mă închide pentru câteva zile în șir, uneori chiar timp de o săptămână, într-un hotel din oraș. Unul dintre ele, unde am terminat *Wabi-Sabi*, era atât de aproape, încât de la fereastra camerei puteam să văd blocul în care locuiam.

Era ceva inedit să-mi văd casa în timp ce tastam pe laptop. Faptul că mă aflam într-un loc apropiat și, în același timp, străin îmi stimula imaginația și totodată atenția de care aveam nevoie.

M-am «izolat» și în locuri mai îndepărtate, într-o chilie din mănăstirea Montserrat, de unde n-am mai ieșit până când n-am terminat thrillerul *El cuarto reino*."

FRANCESC

Când ieșim din zona noastră de confort, când suntem departe de preocupările noastre zilnice, putem să ne concentrăm energia ca să dăm tot ce este mai bun în noi și să învățăm mult mai repede.

Merită să ne oprim din când în când din ceea ce facem și să alocăm câteva zile sau cel puțin câteva ore succesive ca să ne hrănim pasiunea.

CUM SĂ ORGANIZĂM SESIUNI *SHINKANSEN*

Vom folosi pentru ceea ce în Japonia se numește *gasshuku* sintagma „sesiuni *shinkansen*".

SESIUNE *SHINKANSEN*: timp alocat exclusiv unui obiectiv bine definit și ambițios o perioadă neîntreruptă, de mai multe ore sau chiar de câteva zile, evitând orice distragere. În mod ideal, se realizează într-un loc situat departe de tot ceea ce, de regulă, ne derutează și ne distrage zi de zi. Obiectivul este să se producă un salt radical, așa cum am văzut în primul capitol.

În continuare, să vedem cum se organizează o sesiune *shinkansen*:

- Se stabilesc ferm ziua și ora de începere și de încheiere.
- Se definește precis obiectivul înainte de a începe. Când se deschide sesiunea, trebuie să se poată lucra încă din primul minut.
- Se interzic telefoanele mobile și alte mijloace de comunicare de la începutul până la încheierea sesiunii.
- Dacă sunt mulți participanți la sesiunea *shinkansen*, cel mai bine este să se programeze în după-amiaza precedentă o cină, de exemplu, sau alt eveniment la care să se poată cunoaște toată lumea și să se creeze o atmosferă pozitivă între cei prezenți.
- Dacă vrei să ții o sesiune *shinkansen* de unul singur, caută un loc nou pentru tine, în care să fii departe de ceea ce te distrage. De exemplu, o casă la țară sau chiar un hotel în același oraș.
- Se pot organiza sesiuni *shinkansen* și la distanță, cu alte persoane care ne împărtășesc pasiunea. Pentru asta cel mai bine este să folosim medii electronice de colaborare, cum este Skype sau Hangout, care permit vizualizarea reciprocă a ecranelor calculatoarelor și a chipurilor. Este important ca toți participanții să fie pe deplin motivați și să nu sfârșească prin a naviga, dezorientați, pe internet.

GARA NR. 11 **AVENTURA**
Ieși din zona de confort

Când luăm un tren spre o destinație nouă, la început ne poate cuprinde neliniștea, deoarece ieșim din mediul nostru familiar. Totuși, după un timp, văzând cum se succedă peisajele pe fereastră, asupra noastră coboară seninătatea proprie călătorului, care devine parte din itinerar și acceptă caracterul provizoriu al vieții.

Această stare de spirit este cea care trebuie să ne însoțească atunci când ne îmbarcăm în orice aventură profesională, artistică sau chiar sentimentală. Trebuie să fim conștienți că vom ieși din zona noastră de confort, ceea ce va genera o nesiguranță lăuntrică, dar noile orizonturi care ne așteaptă merită întregul nostru curaj.

Broasca nu știa că fierbe

Zona noastră de confort este locul sau situația în care ne simțim comod, pentru că ne găsim într-un mediu pe care-l cunoaștem și la care putem să reacționăm ca de obicei, fără să fie nevoie să improvizăm soluții noi ori să înfruntăm stresul schimbării.

„Zona de confort este o stare comportamentală în care o persoană funcționează într-o condiție de anxietate neutră, utilizând un set limitat de comportamente pentru a procura un nivel stabil de randament, în general fără senzația de risc."

ALASDAIR WHITE*

Totuși, dacă rămânem tot timpul în „lumea familiară", nu putem să evoluăm, și mulți oameni plătesc scump – prin apatie, epuizare și chiar depresie – faptul că nu părăsesc mediul lor confortabil.

Vestea bună este că sfidarea zonei noastre de confort este ceva ce facem în mod natural și instinctiv de când ne naștem. Ne permite să creștem, să învățăm și să ne maturizăm. Copiii se aventurează mereu în necunoscut, până când devin adulți.

Problema este că, odată ajunși la maturitate, descoperim că suntem vulnerabili. Devenim conștienți că avem lucruri de pierdut sau că putem să ne rănim. Astfel ne paște riscul de a ne consuma energia asemenea broaștei din fabulă, care fierbea într-o cratiță pentru că nu-și dădea seama că temperatura crește treptat.

Mai bine să ne asumăm riscuri

Nici un progres care a condus la evoluția societății nu ar fi fost posibil dacă oamenii ar fi rămas în zona lor de confort.

La fel și la nivel individual: vom reuși să obținem ceea ce ne dorim cu adevărat doar aventurându-ne în necunoscut. Așa cum explică într-o carte a sa Dale Carnegie, un maestru al trainingului și dezvoltării personale:

„Învățăm doar prin acțiune. Copiii nu învață să meargă privindu-i pe alții, ci încearcă să se ridice și cad de sute de ori înainte de a înțelege cum să pună un picior în fața celuilalt

---

* *From Comfort Zone to Performance Management*, White & MacLean Publishing, Baisy-Thy, 2008.

într-un echilibru perfect. Făcând lucruri care sunt incomode și noi, îți extinzi, în ultimă instanță, zona de confort. Asta îți permite să abordezi curajos noi sarcini; nu fără teamă, ci cu o teamă controlată."

„Dacă faci ceva ce nu credeai că vei putea face, vei simți cum reziliența, speranța, demnitatea și curajul tău devin mai puternice. Cândva vei avea de făcut alegeri mai grele, ce vor necesita și mai mult curaj. Când vor sosi acele momente și vei face alegerea potrivită, curajul tău va fi recunoscut de oamenii care contează cel mai mult pentru tine. Iar când ceilalți vor vedea că pui curajul mai presus de teamă, vor învăța ce este curajul și nu se vor teme decât de lipsa lui."

Dacă vrem să aspirăm la mai mult decât simpla supraviețuire, trebuie să lăsăm deoparte zicala: „Nu lăsa vrabia din mână pentru cioara de pe gard." Cunoaștem deja prea bine zona noastră de confort. Ne-a oferit tot ce putea să ne ofere. Dacă am îndrăzni să trecem dincolo de ea?

MICI ESCAPADE ÎN AFARA ZONEI DE CONFORT

Chiar dacă angajamentele tale actuale nu-ți permit să te arunci într-o mare aventură, în fiecare zi poți să faci câte o incursiune în afara zonei tale de confort, asemenea unui alpinist care se antrenează în munții din apropiere înainte de a ataca vârful cel mai înalt.

Aceste propuneri îți vor fi utile ca să nu te complaci și să permiți pătrunderea de aer proaspăt în viața ta cotidiană:

1. *Schimbă traseul când mergi la serviciu sau la școală.* Sau schimbă modul în care ajungi acolo. Dacă obișnuiești să mergi cu un mijloc de transport în comun, încearcă într-o zi să mergi cu bicicleta sau chiar pe jos, dacă nu e

prea departe, observând lucrurile neobişnuite ce-ţi apar în cale.

2. *Citeşte o carte a unui autor necunoscut.* Intră într-o librărie şi, fără idei preconcepute, lasă-te sedus de o copertă şi de un titlu. Cel mult citeşte primul paragraf ca să vezi ce emoţii îţi trezeşte. Poate că vei face descoperirea anului.
3. *Plimbă-te printr-un cartier în care nu ai mai fost niciodată.* Asemenea unui turist în propriul oraş, ia metroul sau autobuzul într-o zi de sărbătoare, spre o destinaţie necunoscută. Plimbă-te prin acea zonă cu „ochi noi", observă clădirile şi lumea, intră într-un bar ca să iei contact cu atmosfera locală.
4. *Învaţă ceva nou.* Oricât de puţin timp ai avea, înscrie-te la un curs unde poţi învăţa ceva ce n-ai mai practicat niciodată: tai-chi, bucătărie japoneză, caligrafie, desen cu modele, fotografie... Vei pătrunde într-o altă lume şi vei cunoaşte totodată oameni noi.
5. *Înnoieşte-ţi prieteniile.* Mai ales dacă ai aplicat punctul 4, permite noilor cunoştinţe să intre în viaţa ta. Ele te vor face să cunoşti locuri diferite, vei avea noi subiecte de conversaţie. Ca să dobândeşti prieteni noi, poţi să încerci să discuţi cu un coleg de serviciu cu care până acum ai avut o relaţie exclusiv profesională.

GARA NR. 12 **TIMING**
la trenul la timp

Ai uneori senzația că pierzi trenul vieții? Agenda ta e pe cale să intre în colaps? Trăiești cu senzația că, sub povara atâtor angajamente și obligații, viața îți este pe punctul de a deraia?

Dacă ai răspuns „da" la cel puțin una dintre aceste întrebări, probabil că nu-ți gestionezi timpul în mod adecvat, ceea ce de multe ori are repercusiuni asupra situației financiare, căci între timp și bani există o strânsă legătură.

Ca să dăm un exemplu foarte simplu: dacă nu faci la timp cumpărături în supermarketul unde există cele mai bune oferte, va trebui să mergi în ultimul moment la magazinul din colț și să plătești mai mult.

Să vedem în continuare o metodă elementară, dar eficientă pentru optimizarea gestionării timpului, banilor și vieții tale.

Legea urgenței și a importanței

Să te organizezi bine este o artă; de multe ori timpul trece fără să facem nici jumătate din lucrurile pe care doream să le terminăm înainte de weekend.

Adesea avem atâtea lucruri de făcut, încât nu știm de unde să începem: rămânem blocați și nu realizăm nici una din sarcini... Sau ne ocupăm de un lucru pe care-l credem urgent, dar care în realitate n-are nici o importanță. Pentru a ne organiza mai bine agenda săptămânală, trebuie să avem o viziune clară asupra sarcinilor prioritare, care, odată finalizate, ne vor permite să ne bucurăm de weekend fără să ne simțim vinovați și să dormim noaptea fără să ne trezim stresați dimineața.

Obiectivul este să nu rămânem mereu în urmă, astfel încât, din când în când, să putem fi oameni: să mergem la cinematograf, să citim un roman de plăcere, să ne dedicăm unor distracții mondene.

În conferința sa intitulată *Ultima lecție*, Randy Pausch recunoștea că „matricea Covey" fusese cheia fundamentală a tuturor succeselor lui în viață.

După modelul acestui tabel, putem să facem liste cu o ordine bine definită conform legii urgenței și importanței. Odată ce avem o listă de sarcini, este bine s-o organizăm astfel:

1. Să notăm sarcinile *urgente și importante* ca prioritate absolută și să le începem cât mai repede.
2. În continuare să ne ocupăm de cele *importante și care nu sunt urgente.*
3. În final, să le consemnăm pe cele *urgente și neimportante.*
4. Pe cele care *nu sunt nici urgente, nici importante* putem să le ștergem de pe listă.

METODA KAMPRAD

Iată sistemul *hard* al lui INGVAR KAMPRAD, fondatorul IKEA, care recomandă: „Împarte-ți viața în unități de zece minute și încearcă să dedici cât se poate de puține unități sarcinilor nesemnificative."

Trei modalități clasice prin care timpul „zboară"

Uneori orele alunecă precum nisipul printre degete, fără să ne dăm seama cum. Să vedem care sunt principalele pierderi de timp din viața modernă și antidoturile spre a le remedia:

	URGENT	NEURGENT
IMPORTANT	Timp consumat cu: crize, probleme care necesită soluție imediată, aplanarea unui conflict, *deadline-uri* (date-limită) Rezultate: stres, oboseală, conștiință liniștită CADRANUL I	Timp consumat cu: formare, prevenire, identificarea sau crearea de noi oportunități, construirea de relații, proiectarea unor planuri. Rezultate: evoluție, proiecte solide, autodepășire CADRANUL II
NEIMPORTANT	Timp consumat cu: întreruperi, telefoane, e-mailuri, mesaje, angajamente sociale. Rezultate: oboseală, risipă de energie, concentrare scăzută. CADRANUL III	Timp consumat cu: amânarea sarcinilor, pregătiri nenecesare, rețele sociale, antrenament, activități de delectare Rezultate: letargie, relaxare. CADRANUL IV

- DISTRACȚII VIA REȚELE SOCIALE. Soluția este simplă și nu are nevoie de multe explicații: deconectează totul, cel puțin cât timp ești implicat într-o activitate care îți solicită atenția.
- MESE CU PRIETENII ȘI / SAU CLIENȚII. Un profesionist foarte activ poate să ia prânzul în fiecare zi a săptămânii la restaurante unde cheltuie bani și „pierde" în medie două ore pe zi. Dacă, în plus, bea vin la prânz, scăderea randamentului după aceea va fi radicală. SOLUȚIE: să accepte cel mult una sau două mese pe săptămână. Dacă trebuie să ne ocupăm de multe persoane, putem să le grupăm în funcție de afinități în grupuri de patru sau cinci. Câștigăm astfel ore de muncă și dăruim celorlalți relații de prietenie și noi cunoștințe. O altă strategie pentru a economisi timp ar fi ca, în loc de masa de prânz, să propunem întâlniri la o cafea (care să dureze patruzeci de minute, cel mult).
- REZOLVAREA PROBLEMELOR PERSONALE. Nu trebuie s-o facem niciodată în timpul programului de lucru, căci, dacă alocăm timp pentru ceea ce-ar trebui să facem în timpul liber, ne vom pomeni că recuperăm noaptea și în weekenduri, când ceilalți se odihnesc, ceea ce n-am făcut când trebuia.
- În cele din urmă: NU ESTE NICIODATĂ O AFACERE BUNĂ SĂ FURĂM DIN TIMPUL PENTRU SOMN ca să „fim la zi". Acest lucru se poate face strict punctual, în noaptea sau în zorii unei zile în care urmează să fie predat ceva important, dar trebuie evitat cu orice preț să devină o obișnuință. Pe lângă riscurile pentru sănătate și accelerarea îmbătrânirii, în realitate nu economisim timp procedând astfel. Dacă te odihnești doar patru sau cinci ore, mintea ta va fi mai înceată și randamentul pe oră va fi

mult mai scăzut decât dacă te-ai fi odihnit minimum şapte ore. Oricum ai privi lucrurile, nu ieşi în avantaj.

TEHNICA POMODORO

O metodă foarte eficace pentru a spori randamentul şi pentru a termina lucrurile la timp este TEHNICA POMODORO:

1. Împarte timpul alocat sarcinii în perioade neîntrerupte (fără nici un tip de distragere a atenţiei) de 25 de minute.
2. Fă o pauză de 5 minute la fiecare 25 de minute de muncă.
3. După patru „pomodoro" ne putem premia cu o pauză mai lungă, de 15 minute.

Această metodă este foarte eficientă pentru că limitarea sarcinii la 25 de minute ne obligă să ne concentrăm total ca să îndeplinim misiunea pe care ne-am asumat-o. Ne asigurăm pauze şi compensăm stresul cu satisfacţia că finalizăm multe chestiuni pe care le avem de făcut.

Se numeşte astfel (*pomodoro* înseamnă „pătlăgică roşie" în italiană) din cauza cronometrului de bucătărie, adesea în formă de roşie, pe care-l folosim când gătim. Utilizarea lui la birou sau în casă ne ajută să ne îndeplinim misiunile fără să ajungem la epuizare.

GARA NR. 13 **PARETO**
Regula 80/20

Cunoscută şi ca „legea celor lipsiţi de vitalitate" sau „principiul factorului insuficient", această regulă a fost formulată de către economistul italian Vilfredo Pareto şi afirmă că 80% dintre consecinţe sunt rezultatul a doar 20% dintre cauze.

Punctul de plecare a fost un calcul pe care Pareto l-a realizat la începutul secolului XX asupra generaţiei înstărite din Italia. Prin acest exerciţiu de macroeconomie, şi-a dat seama că 20% din populaţia italiană producea 80% din bogăţia ţării.

Principiul lui Pareto nu este un adevăr demonstrat ştiinţific, dar constituie un instrument foarte eficient şi poate sta la baza deciziilor noastre. Se foloseşte mult în lumea afacerilor şi în inginerie. De exemplu, 80% din traficul din oraşe se concentrează pe 20% dintre străzi. Dacă vrem să îmbunătăţim condiţiile de trafic, cel mai bine este să ne axăm pe îmbunătăţirea acelui 20% unde există trafic intens. În informatică întâlnim acest principiu când constatăm că 80% dintre virusuri sunt produse de 20% din codul-sursă. 80% din traficul pe internet se concentrează, în mod misterios, pe 20% dintre servere.

MAI PUȚIN ÎNSEAMNĂ MAI MULT

Tanaka, un om de afaceri care deținea un lanț de restaurante, mi-a solicitat acum câtiva ani consultanță pentru a-și îmbunătăți rezultatele. Când i-am recomandat să elimine 80% din oferta din meniu ca să crească vânzările lanțului de restaurante, s-a uitat la mine de parcă eram nebun.

Mi-a spus că nu dorește să elimine nimic, ci vrea să adauge sortimente noi pentru a îmbunătăți oferta. L-am convins să încerce de probă meniul minimalizat într-unul din restaurante. Peste o săptămână, Tanaka m-a sunat foarte emoționat și mi-a spus că în restaurantul cu meniul restrâns vânzările crescuseră cu 35%.

Omul de afaceri a înlocuit în final meniurile din toate restaurantele cu versiunea minimalistă. Mentalitatea lui Tanaka s-a modificat: a trecut de la adăugire la eliminare. Ultima dată când l-am văzut m-a întrebat ce poate să mai elimine din afacerea lui cu restaurante. Cazul Tanaka este un exemplu foarte clar de aplicare a principiului lui Pareto.

HÉCTOR

Primul pas în aplicarea principiului Pareto este analiza datelor privind starea actuală a afacerii tale, a sistemelor sau a stilului tău de viață. Al doilea pas, după identificarea a tot ceea ce are o contribuție consistentă, constă în eliminarea sau îmbunătățirea acelor lucruri cu o contribuție mai mică. Acest pas este de multe ori cel mai dificil de parcurs, pentru că ne e greu să credem că lucrurile vor merge mai bine dacă eliminăm 80%.

20% din efortul tău generează 80% dintre rezultate.

Ikigai-ul, pasiunea din viața ta, nu se află printre lucrurile lipsite de importanță, în procentaj de 80%, pe care le faci în fiecare zi, ci în restul de 20%, însumând lucrurile esențiale, de care te bucuri cel mai mult. Nu te rătăci în mulțimea de posibilități de 80% care-ți consumă timpul și energia, învață să-ți concentrezi energia în lucrurile esențiale, care-ți oferă bucurie, și descoperă-ți pasiunile ca să-ți găsești mai ușor *ikigai*-ul.

Regula lui Pareto în viața de zi cu zi

S-a observat imediat că regula lui Pareto este aplicabilă în cele mai diverse domenii, iar în zilele noastre mulți specialiști confirmă această lege prin estimări de tot felul:

- 20% din populația mondială consumă 80% din resurse;
- 80% din succes este generat de 20% din efortul realizat;
- 80% din muzica transmisă la radio provine din 20% dintre melodiile disponibile;
- 80% dintre emoții provin din 20% dintre experiențe;
- 80% dintre clienții care intră într-un magazin văd doar 20% dintre produsele expuse.

Desigur, nu vorbim despre o știință exactă, iar aceste proporții sunt întotdeauna aproximative. Ele însă ne sunt utile ca să înțelegem că cea mai mare parte a câștigurilor și a rezultatelor se obțin cu puțin efort bine valorificat. Prin urmare, vom reuși să ne facem viața mai ușoară și mai eficientă prin întocmirea unei liste cu lucrurile și sarcinile care ne rezolvă cele mai multe probleme și ne oferă cea mai mare satisfacție.

TIM FERRISS: MATEMATICA SUCCESULUI

În bestsellerul său intitulat *Săptămâna de lucru de 4 ore**, antreprenorul Tim Ferriss explică modul în care a trecut de la un program interminabil, din zori până în noapte, la un orar de doar 4 ore pe săptămână, exact așa cum spune în titlu.

Ca să reușească acest lucru, pe de-o parte a utilizat legea lui Pareto ca să descopere care erau cei 20% dintre clienți sau produse care îi generau 80% dintre probleme și

---

* Timothy Ferriss, *Săptămâna de lucru de 4 ore. Evadează de la rutina 9–17 și alătură-te noilor bogătași*, trad. de Măriuca Dinu, ed. ACT și Politon, București, 2016.

care erau cei alți 20% dintre clienți sau produse care îi aduceau cele mai mari câștiguri. Prin eliminarea celor dintâi și păstrarea celorlalți, a reușit să amplifice câștigurile companiei și totodată să-și facă timp să atragă mai mulți clienți din categoria celor 20% „premium".

Așa cum spune antreprenorul Alberto Cabezas, o firmă câștigă bani cu adevărat atunci când începe *să concedieze clienți*.

O altă strategie pe care a avut-o în vedere Tim Ferriss ca să fie mai eficient a fost legea lui Parkinson, formulată de britanicul cu același nume în 1957. Ea afirmă că o sarcină va lua exact atât timp cât avem la dispoziție ca s-o realizăm. Cu alte cuvinte, cu cât avem mai mult timp la dispoziție ca să realizăm ceva, cu atât irosim mai mult timp. Pentru a evita acest lucru, este util să stabilim termene-limită și să ne străduim să le respectăm. *Cu cât vei avea mai puțin timp la dispoziție ca să realizezi ceva, cu atât te vei concentra mai mult să faci lucrurile importante și să le duci la îndeplinire, sub presiunea deadline-ului.* Rezultatul va fi același sau mai bun decât dacă ai avea un timp nelimitat și te-ai relaxa prea mult.

Alte aplicații ale matematicii succesului: formulează oferte clare și limitează posibilitățile. „Cu cât oferi mai multe opțiuni clientului, cu atât generezi mai multă nehotărâre și primești mai puține comenzi", afirmă Ferriss. Dacă un designer îi arată unui editor trei coperte diferite pentru o carte, este posibil ca acesta să le respingă pe toate, pentru că mesajul inconștient care ajunge la client este că designerul nu are idei prea clare – și îi transmite editorului nesiguranța lui.

În această privință, Henry Ford a găsit, la începuturile sale, formula ideală ca să-și satisfacă clienții în pofida limitărilor unei fabrici care tocmai își începuse activitatea: „Vă voi oferi mașina în culoarea pe care v-o doriți, cu o condiție: ca aceasta să fie neagră."

Mai puțin înseamnă mai mult.

În viața noastră cotidiană, în care intrăm în contact cu o mulțime de oameni, atât în mod direct, cât și prin intermediul internetului, nu ne este uşor să hotărâm dacă cercurile noastre sociale sunt sau nu adecvate. De multe ori ne simţim copleşiţi de oameni sau activităţi care ne sufocă; de aceea e important să ţinem seama că, potrivit legii lui Pareto:

- te îmbraci cu 20% din hainele din dulap în 80% dintre ocazii (poţi să donezi hainele pe care nu le îmbraci aproape niciodată);
- 20% dintre problemele care ne preocupă sunt importante, iar 80% sunt de prisos (prin urmare, taie-le de pe listă);
- 20% dintre oamenii care te înconjoară îţi produc 80% din sentimentul de mulţumire personală (dedică mai mult timp acestei minorităţi şi câştigă timp pentru tine);
- doar 20% din ceea ce faci te distrează şi-ţi aduce mulţumire personală (transformă acest 20% în *ikigai*-ul tău şi încearcă să-l faci să devină chiar ocupaţia ta profesională).

Dacă avem în vedere aceste aspecte, va fi mai uşor să ne concentrăm pe ceea ce este realmente important: să dedicăm timpul nostru oamenilor care contează pentru noi, să ne îndepărtăm de tot ceea ce ne subminează starea de spirit şi să găsim timp să facem ceea ce ne dorim de fapt.

Valorifici cele 20 de procente?

Ca să-ţi îndeplineşti obiectivele şi să duci viaţa pe care ţi-o doreşti, este vital să fii productiv şi să-ţi gestionezi bine timpul şi energia. Scopul exerciţiului simplu care urmează este de a verifica dacă valorifici în viaţa ta legea lui Pareto:

- Realizezi sarcinile necesare pentru a-ţi atinge obiectivele programate?
- Ştii să delegi sau să elimini sarcinile nenecesare?

- Consumi doar energia strict necesară pentru a face ceea ce trebuie?
- Dedici timp persoanelor care-ți plac din anturajul tău?
- Ai conversații productive?
- Te simți satisfăcut de activitățile tale sociale?

Dacă ai răspuns „nu" la cel puțin două întrebări, înseamnă că încă nu valorifici cele 20 de procente din ceea ce oferă calitate și trebuie să-ți reconsideri prioritățile și să fii mai riguros în realizarea lor.

Mai departe, poți să continui exercițiul cu o serie de sugestii de acțiuni, selectând esențialul și eliminând restul:

- Dacă ești *freelancer* sau ai o afacere, care sunt cei 20% dintre clienți care generează 80% din vânzări? După ce i-ai identificat pe clienții care-ți aduc cele mai mari câștiguri, elimină restul și concentrează-ți energia și atenția asupra acestor clienți mai valoroși.
- Care este procentajul de 20% din ceea ce deții care îți procură satisfacția cea mai mare și pe care-l utilizezi cel mai mult zi de zi? Elimină restul! Dacă te simți dezorientat, începe cu un sertar. Scoate toate obiectele din sertar și în mod sigur din cinci obiecte folosești doar unul în mod regulat. Aruncă la gunoi, oferă cadou sau vinde restul de 80% pe care nu le folosești.
- Care sunt oamenii cu care ții legătura și îți produc cea mai mare bucurie? Petrece mai mult timp cu ei și îndepărtează-te de cei 80% care-ți oferă mai puțină bucurie.
- Care sunt cele 20% din hainele tale pe care le îmbraci 80% din timp?
- Dintre toate hobby-urile tale, care sunt cele care-ți aduc cea mai mare satisfacție? Elimină-le pe celelalte și axează-te pe aprofundarea celor care te pasionează cel mai mult.

GARA NR. 14 **FORȚA CUVINTELOR**
Pune proiectelor tale nume memorabile

Yubaba, vrăjitoarea cea rea din filmul *Călătoria lui Chihiro* (*Spirited Away*), patroana băii publice, le fură numele celor pe care vrea să-i transforme în sclavi, astfel ca aceștia s-o slujească pentru totdeauna.

Chihiro, al cărei nume se traduce prin „o mie de fantome“, este o fetiță de zece ani care, după ce e vrăjită de Yubaba, își uită numele. Dar nu-și pierde doar numele, ci uită și ceea ce este real și ce nu. Amintirile îi dispar, iar personalitatea i se schimbă, fetița pierzându-și treptat identitatea de ființă umană.

Intriga acestui film clasic al studioului Ghibli poate părea puțin filozofică și complexă, însă mesajul lui este clar: limbajul e cel care ne umanizează și ne distinge de animale. Câinii nu se strigă unii pe alții pe nume, noi suntem cei care le punem nume acestor animale de companie.

SCHIMBĂ-ȚI VECHILE PROGRAME

Dacă vrei să schimbi realitatea, trebuie să-ți schimbi limbajul, să excluzi cuvintele negative sau pesimiste, precum și cele care te privează de putere, pentru că situează deciziile în afara noastră ori în afara momentului și locului actual. În acest sens, există modificări de limbaj care transformă modul nostru de a gândi și, implicit, actele noastre și consecințele lor.

Să vedem câteva exemple de NLP (programare neurolingvistică):

ÎN LOC SĂ SPUI...	MAI BINE SPUNE...
Mi-ar plăcea... / Sper să...	Voi face...
Dacă aş putea... / Dacă ar...	Voi face...
Nu ştiu...	Învăţ să...
Nu pot...	Sunt pe cale să...
Sunt bucuros când...	Sunt fericit.

Conul experienţei

Limbajul a fost un pas decisiv în evoluţie, el ne-a ajutat să exteriorizăm ceea ce gândeam. Filozofii dezbat dacă este posibil să gândim fără limbaj sau nu. Nimeni nu a ajuns la o concluzie definitivă, dar este limpede că limbajul şi realitatea sunt strâns legate între ele.

Când ceva are un nume, acel ceva începe să existe în realitatea noastră, pe când ceea ce nu are nume se diluează în universul lucrurilor abstracte şi lipsite de concreteţe. De aceea, în multe exerciţii din această carte, vă recomandăm să faceţi liste şi să scrieţi negru pe alb scopurile pe care le aveţi.

Un cuvântul scris are mai multă putere decât o mie de idei vagi din mintea noastră.

UN CONTRACT PERSONAL

„În Programul *ikigai* – o metodă în trei sesiuni prin care o persoană îşi defineşte obiectivele în viaţă şi reuşeşte să le transforme în realitate – rezerv cea de-a treia şedinţă redactării unui contract în care persoana respectivă se angajează să realizeze anumite acţiuni zilnic, săptămânal şi pe termen mai lung. La sfârşitul contractului, persoana semnează, iar eu semnez alături ca martor.

Pentru a întări puterea acestui contract, persoana va citi în fiecare dimineaţă a următoarelor 21 de zile – timpul necesar pentru introducerea unei deprinderi – angajamentul pe care tocmai și l-a luat. După efectuarea acestor acțiuni timp de trei săptămâni, schimbarea în viață este asigurată."

FRANCESC

Potrivit cercetărilor asupra creierului nostru, când facem ceva în mod activ ne este mult mai ușor să-l reținem și să-l aplicăm apoi în acțiuni concrete din realitate. Când scriem, creierul primește mesajul că facem deja lucrul pe care-l scriem.

Așa cum putem vedea în graficul de mai jos, tindem să ducem la îndeplinire 70% din ceea ce scriem, și de aceea cuvântul scris este un instrument puternic de materializare a proiectelor.

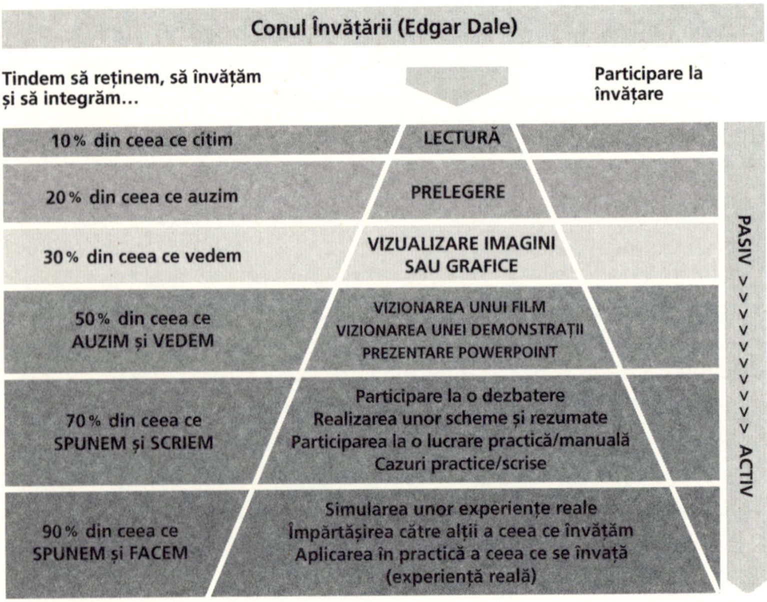

Când ceva are un nume, există pentru totdeauna

Dacă vrei să dai viață proiectului tău, pune-i un nume. Alege unul sugestiv, care să te atragă și să te motiveze să lucrezi la el. Pe măsură ce proiectul avansează, este posibil să vrei să-i schimbi numele, căci a evoluat spre altceva. Schimbă-l fără probleme. Important este să ai ceva cu care te identifici și să poți să-ți pui în ordine ideile creând o poveste în adâncul tău.

În publicitate se vorbește adesea despre *storytelling*, despre povestea care se află în spatele unui anumit produs sau al unei companii.

Iar pe prima pagină a oricărei povești se află întotdeauna titlul.

De exemplu, „SPIRITUL NEPAL“ ar putea fi titlul unei călătorii a doi prieteni. Cuvântul „spirit“ ne inspiră și conferă călătoriei un scop spiritual. Dacă folosim această etichetă în toate etapele – în pregătirea călătoriei, pe parcurs și la întoarcere –, odată cu trecerea timpului vom putea rememora acele momente frumoase spunând doar: „Îți amintești când, în SPIRITUL NEPAL, călugărul acela ne-a invitat să petrecem noaptea în templu?...“

Zeniba, unul dintre personajele care o ajută pe Chihiro să-și recapete numele și viața, îi spune protagonistei: „Când te întâlnești cu cineva, nu-l mai uiți niciodată. Doar că durează puțin până când amintirea acelei persoane revine la tine.“

Dat fiind că amintirile sunt stocate în adâncul nostru, pentru a evoca aceste amintiri ascunse și a înlănțui idei trebuie să folosim cuvintele adecvate, care sunt precum niște chei ce deschid noi universuri.

Cuvintele au puterea magică de a activa amintiri și tipare neuronale pentru a ne face mai creativi. Iată de ce este important să fim conștienți de puterea cuvintelor.

GĂSEȘTE-ȚI FORMULA MAGICĂ

Este esențial ca proiectele noastre personale să aibă nume dacă vrem să rămânem motivați. Să te trezești dimineața și să-ți spui că trebuie să mergi la sală nu este totuna cu a te gândi: „Îmi voi înfăptui Corpul Vitruvian", în onoarea omului cu proporții perfecte al lui Leonardo.

Întrucât cuvintele au putere, exercițiul pe care-l propunem mai jos este să găsești o formulă magică, un cuvânt evocator, care să dea forță proiectelor tale. Poate să fie numele unei formații de muzică preferate, al orașului tău favorit, al unei opere de artă – sau numele unei stele.

Poți chiar să cauți un cuvânt cu rezonanță pentru fiecare domeniu al vieții tale pe care dorești să-l îmbunătățești. De exemplu:

- ÎMBUNĂTĂȚIREA SĂNĂTĂȚII / FORMEI FIZICE: „Proiectul Corpul Vitruvian".
- ÎNVIORAREA DRAGOSTEI: „Esența venețiană" (dacă prima ta poveste de dragoste a avut loc la Veneția).
- CONSOLIDAREA FINANȚELOR: „Planul Buffett" (dacă Warren Buffett este un reper pentru tine; în orice caz, alege un personaj pe care-l admiri din acest domeniu).
- SCRIEREA UNUI ROMAN: „Sesiunea Hemingway" (de fiecare dată când te apuci de scris, este ca și cum te-ai întrupa în romancierul preferat).

Folosește nume cu rezonanță de fiecare dată când poți, spune-l prietenilor tăi, partenerului tău. Și scrie-l în agendă, ca să conferi forță proiectului tău: „Marți, proiectul Corpul Vitruvian."

PARTEA A DOUA

CĂLĂTORIE ÎN TRECUT

Exerciții pentru redescoperirea originilor și transformarea experiențelor într-o trambulină personală

Din vechea capitală niponă

Kyoto 京都

Așa cum cel care câștigă un război are privilegiul de a scrie istoria celor întâmplate în avantajul său, oricine își poate interpreta pozitiv trecutul personal și se poate cuceri pe sine. Sondarea originilor ne permite să aducem în prezent esența și creativitatea noastră pentru a ne proiecta într-un viitor plin de posibilități.

Kyoto este locul în care se păstrează cea mai mare parte din istoria Japoniei. Aici Adashi Kakuchi a scris, la începutul secolului al XIV-lea, clasicul *Heike Monogatari*, considerat primul roman japonez.

În această cronică se povestește lupta dintre clanurile Taira și Minamoto pentru preluarea puterii în Japonia, întrețesută cu povești de dragoste. Este adesea comparată cu *Iliada* lui Homer.

Adashi Kakuchi și-a pierdut vederea pe când avea treizeci de ani și, ca să-și câștige traiul, s-a alăturat unui grup de muzicieni din Kyoto care-și spuneau „Călugării *biwa*“ (*biwa* este un instrument cu coarde japonez). Cântau și relatau legende și povești cu războaie. Se asemănau cu trubadurii din Europa.

Modul în care recita Adashi Kakuchi a devenit atât de popular la Kyoto, încât acesta s-a transformat într-o celebritate a vechii capitale.

La șaptezeci de ani, cu un an înainte să moară, i-a recitat *Heike Monogatari* discipolului său, Teiichi, care a așternut cuvintele pe hârtie. Romanul de peste opt sute de pagini se vinde și astăzi în orice librărie din Japonia.

Dacă primul roman japonez, în care se interpretează câteva dintre faptele istorice nipone din vechime, a fost scris de un călugăr care, în cea mai mare parte a vieții, a fost orb, oare cele relatate respectă adevărul faptic? Cu siguranță nu, dar prea puțin contează acest lucru. *Heike Monogatari* se tipărește în continuare și în zilele noastre pentru că este o poveste deosebit de frumoasă.

Frumusețea câștigă întotdeauna, dăinuie peste veacuri. De aceea și merită să reținem ceea ce este frumos din viața noastră.

După călătoria noastră futuristă într-un tren de mare viteză, pornind din Tokyo, ajungem la Kyoto. Pe vechile străzi din Gion ascultăm o fată care cântă la *biwa* așa cum făcea Adashi Kakuchi acum șapte sute de ani. Este îmbrăcată cu un kimono auriu și stă în genunchi pe tatami în fața unui paravan despărțitor, decorat cu desene tradiționale japoneze. Nu este gheișă, căci la Kyoto nu orice fată îmbrăcată în kimono are acest statut.

Se uită mereu în același punct, jos, cam la doi metri distanță, ca și cum ar medita. Degetele care ating corzile *biwa* nu lasă să se vadă nici o șovăială, se mișcă grațios și neîncetat, de parcă ar fi dominate de o forță supranaturală. Albeața degetelor și machiajul palid al chipului îi dau fetei un aer fantomatic, ce ne face să ne simțim teleportați în trecut.

Prezentul și trecutul se împletesc într-o realitate eternă.

Vraja se rupe odată cu finalul prestației, când fata scoate un smartphone pe care-l ținea ascuns în *obi*, brâul lat al kimono-ului.

Kyoto este esența integrării trecutului cu prezentul, iar modernitatea și tradiția transpar armonios în fiecare colț al acestui oraș.

Și la nivel personal, pentru a fi realizați pe deplin, este important să avem o bună relație cu trecutul nostru. Precum în cazul lui Adashi Kakuchi, interpretarea trecutului într-un mod pozitiv și frumos conferă putere prezentului și viitorului nostru, dând vieții noastre un nou sens.

Toți am încheiat cândva o relație dificilă, o situație profesională greșită sau un proiect care nu ne-a îmbogățit cu nimic, astfel că ne-am gândit că au fost o pierdere de vreme. Însă putem, de asemenea, să optăm pentru un alt fel de a gândi: anume că totul a avut un sens, iar experiențele aparent negative au fost lecții importante pentru evoluția noastră personală.

În această a doua parte a cărții prezentăm o serie de tehnici care ne vor ajuta să ne explorăm trecutul pentru a deveni mai buni scriitori ai *istoriei vieții noastre*.

„Glasul clopotelor din Gion Shoja răsună în efemeritatea a tot ce există."

PRIMA PROPOZIȚIE DIN *HEIKE MONOGATARI*

GARA NR. 15 **GRĂDINA COPILĂRIEI**
Recuperează energia copilului

Imaginează-ți că trenul trece acum pe meleagurile copilăriei tale, pe care abia ți le mai amintești. Se prea poate să fii asaltat de un sentiment de melancolie. Poate chiar de tristețe. Este emoția ce ne surprinde uneori când ne uităm la un grup de copii fericiți dintr-un parc.

De ce se întâmplă așa? Nu cumva jocul copiilor ne amintește valori și visuri pe care le-am abandonat pe drum?

Uneori impulsul de care are nevoie viața noastră este de a recupera, înainte de-a fi prea târziu, acele lucruri pe care le-am lăsat în grădina copilăriei.

Watanabe, protagonistul filmului *Ikiru* (生きる „a trăi"), una dintre capodoperele lui Akira Kurosawa, descoperă că are cancer la stomac și mai are de trăit mai puțin de un an. Prima lui reacție este să-și dea întâlnire cu un prieten romancier și să se arunce fără inhibiții în viața de noapte a Kyoto-ului. Într-unul dintre cluburile de noapte prin care trec, Watanabe îi cere pianistului să interpreteze *Gondola no uta* (*Cântecul gondolei**) și începe el însuși să cânte:

Viața e scurtă,
îndrăgostiți-vă, fetelor,
înainte ca floarea stacojie

---

* Cântecul a fost scris în 1915, într-o epocă în care exoticul occidentalism „gondolă", care nu apare decât în titlu, avea, pesemne, mare priză la publicul japonez iubitor de romanțe.

să vă piară de pe buze,
înainte ca valurile pasiunii
să se răcească-n voi.
O, cele pentru care
nu există mâine.

Viața e scurtă,
îndrăgostiți-vă, fetelor,
înainte ca mâinile lui
să tragă barca,
înainte ca obrajii lui să pălească.
O, cele care
nu se vor reîntoarce niciodată.

Viața e scurtă,
îndrăgostiți-vă, fetelor,
înainte ca barca
să plece pe valuri,
înainte ca mâna de pe umărul vostru
să devină plăpândă.
O, cele care
nu vor mai fi văzute niciodată.

Viața e scurtă,
îndrăgostiți-vă, fetelor,
înainte să-nceapă să-și piardă culoarea
cosița ca pana corbului,
înainte să pâlpâie și să se stingă
flacăra din inimile voastre.
O, cele pentru care
Ziua de azi nu se va-ntoarce niciodată.

Acest cântec îl face pe Watanabe să-și dea seama cât de scurtă e viața și cât de important este să trăiești cu pasiune, cu *ikigai*-ul drept far călăuzitor, adică tocmai ceea ce el nu făcuse în toți acei ani în care fusese ocupat să lucreze într-un loc unde nu-i plăcea.

Din acel moment, viața lui ia o întorsătură nouă. Lasă deoparte rutina muncii de birocrat și își canalizează energia care i-a mai rămas ca să transforme un câmp din cartier într-un parc pentru copii. În aceste ultime luni se luptă cu birocrația guvernului japonez ca să transforme în realitate parcul cu leagăne la care visase în copilărie.

Filmul se încheie cu imaginea lui Watanabe contemplând parcul terminat, în timp ce fredonează din nou cântecul *Gondola no uta*.

Visuri readuse la viață

Uneori, marele progres în viață constă în realizarea a ceea ce visam pe când eram mici.

Poți să recuperezi acele aspirații de copil? Primul pas în descoperirea a ceea ce e mai bun în tine este să scrii pe o hârtie tot ce ai vrut să fii și să faci.

De fapt, ceea ce ne pasiona când eram mici conține multe indicii despre ce suntem cu adevărat, despre *ikigai*-ul și despre potențialul nostru ca ființe umane.

Mintea copilului este liberă de constrângerile impuse de presiunea la care suntem supuși odată cu integrarea noastră în societate ca adulți. Iar această libertate a inimii e un puternic declanșator de creativitate.

Asemenea lui Watanabe, Randy Pausch, profesor de informatică la Universitatea Carnegie Mellon, a primit vestea proastă că din cauza unui cancer viața lui avea să se sfârșească mai devreme decât prevedea. Cea din urmă contribuție a lui Pausch a constat într-o ultimă prelegere intitulată *Îndeplinirea visurilor din copilărie*.

Ceea ce a rostit în acel discurs a avut un impact atât de mare, încât a fost publicat ulterior în cartea *Ultima lecție*. Randy Pausch a povestit cât de rău îi părea să părăsească această lume înainte să împlinească cincizeci de ani, dar, în același timp, cât de fericit și împăcat se simțea pentru că reușise să-și împlinească visurile din copilărie.

A povestit care erau visurile lui și, pe lângă asta, le-a propus tuturor cursanților să facă la fel – să-și asculte inima de copil ca să creadă din nou în imposibil.

„Gândește-te cât ar fi de bună lumea dacă toți, chiar toți, am mânca lapte și biscuiți în fiecare după-amiază la ora trei, și apoi ne-am arunca în așternuturi ca să dormim. Sau dacă toate guvernele noastre s-ar orienta în funcție de politica elementară de-a pune la loc întotdeauna lucrurile acolo unde au fost găsite și de a remedia ceea ce au stricat ele însele. Și, indiferent de vârsta pe care o avem, chiar e adevărat că atunci când ieșim în lume este mai bine s-o facem ținându-i de mână pe ceilalți și rămânând alături de ei."

ROBERT FULGHUM

Întoarcerea la grădiniță

Dar în ținuturile copilăriei nu abandonăm doar visuri, ci și lecții fundamentale care rămân îngropate sub praful zilelor și obligațiilor.

La fel ca Watanabe în film, un profesor din Seattle și-a dat seama în 1988 că secretul simplu al fericirii și al creării vieții pe care ne-o dorim este *să ne bucurăm de viață și să dăm frâu liber veseliei.*

Aruncând o privire în urmă, și-a amintit lecțiile uitate de la grădiniță și de la școală și cât de mult puteau să-l ajute în viața de adult. Așa că și-a transpus în scris ideile și le-a publicat într-o cărticică intitulată *Lucrurile importante le-am învățat la grădiniță.*

Robert Fulghum nu a crezut niciodată că micul său eseu ar putea să devină un bestseller cu șapte milioane de exemplare vândute.

Înainte să-și ia licența în teologie și să devină profesor, avusese ocupațiile cele mai variate, de la săpat diguri la cântat muzică country. Pesemne că spiritul său curios și modest i-a permis să-și regăsească copilul interior și să-i ajute și pe alți adulți, numeroși, să trăiască din energia puternică a copilăriei.

Prin scurte povestiri ai căror eroi sunt copiii, animalele și vecinii adulți, Fulghum ne învață că unele dintre lucrurile cele mai importante pe care le-am învățat la grădiniță sunt:

- *Împarte tot cu ceilalți.*
- *Joacă cinstit.*
- *Pune lucrurile la loc, acolo unde le-ai găsit.*
- *Cere iertare când rănești pe cineva.*
- *Du o viață echilibrată: învață și gândește, desenează și pictează, cântă și dansează, joacă-te și lucrează – în fiecare zi câte puțin.*
- *Când ieși în lume, ai grijă la trafic, ține-te de mână și nu te îndepărta.*
- *Rămâi atent la tot ce este minunat. Amintește-ți de mica sământă din pahar: rădăcinile coboară, planta urcă și nimeni nu știe cu adevărat cum și de ce, dar toți suntem așa.*
- *Peștii colorați, hamsterii și șoarecii albi și chiar mica sământă din pahar – toate mor.*

- *Şi noi murim.*
- *Aşa că ţine minte unul dintre primele cuvinte pe care le-ai învăţat, cel mai mare dintre toate:* uite!

În exclamaţia *Uite!* a copiilor rezidă esenţa a ceea ce este mai bun în spiritul omenesc, o putere care ne permite să descoperim lumea, să visăm noi aventuri şi să le transformăm în realitate.

TREZEŞTE COPILUL DIN LETARGIE

Pentru a efectua acest exerciţiu este suficient să arunci o privire în urma ta şi, cu un blocnotes în mână, să-ţi pui întrebarea: care sunt cele trei visuri din copilărie pe care încă nu le-am îndeplinit?

1. ______________________________
2. ______________________________
3. ______________________________

În continuare, gândeşte-te cum ai putea îndeplini aceste visuri. De exemplu, dacă voiai să fii regizor şi acum lucrezi într-o agenţie de publicitate, poţi începe să construieşti o activitate paralelă (chiar dacă te vei ocupa de ea doar în weekend), în care visul respectiv să aibă spaţiul lui. Poate că doreşti să implici în proiect unele dintre persoanele cu care lucrezi.

Pentru a realiza aceste proiecte imaginare, notează trei lucruri pe care le poţi face pentru ca fiecare proiect să se materializeze şi indică momentul de început:

Visul I

(1) ______________________________

(2) ______________________________

(3) ____
DEBUTUL AVENTURII: ____________________________

Visul II
(1) ____
(2) ____
(3) ____
DEBUTUL AVENTURII: ____________________________

Visul III
(1) ____
(2) ____
(3) ____
DEBUTUL AVENTURII: ____________________________

....

GARA NR. 16 **NOSTALGIA**
Întoarce-te la sursa fericirii

Când a fost întrebat care este secretul originalității construcțiilor sale, Antoni Gaudí a răspuns că „originalitatea constă în întoarcerea la origine“; un cantautor valencian îl completa afirmând că „cine-și pierde originile își pierde identitatea“.

Prin urmare, privind spre ceea ce am fost, chiar și spre strămoșii noștri, putem înțelege ceea ce suntem și, mai mult decât atât, ceea ce putem fi.

O emoție de bază

Inside Out, una dintre ideile geniale ale Pixar*, ne explică într-un mod simpatic și amuzant care sunt emoțiile de bază cu care ne naștem și cum pot ele să evolueze în sentimente mai complexe atunci când se îmbină, se amestecă și se adaptează la situațiile dificile cu care ne confruntăm pe măsură ce creștem.

Printre emoțiile principale se numără, fără nici un dubiu, tristețea. Totuși, aceasta are anumite variante pe care trebuie să știi să le identifici, cum este melancolia sau nostalgia, care pot deveni bune aliate ale creativității.

Cu toate că tristețea poate părea ceva negativ, oamenii de știință au demonstrat că nostalgia, întrucât ne aduce în memorie

---

* Pixar Animation Studios, casă de producție cinematografică americană, specializată în animație digitală.

amintiri și sentimente pozitive, ne poate fi benefică pentru sănătate și pentru atingerea obiectivelor.

NE SIMȚIM LEGAȚI DE CEILALȚI

„Amintirile încărcate de nostalgie sunt tipice caracterului social, iar rememorarea lor consolidează percepția potrivit căreia suntem legați de alte persoane. În acest mod, nostalgia este o puternică strategie compensatorie [...].
Când oamenii se simt singuri sau excluși, nostalgia îi ajută la restaurarea sentimentului de legătură."
CLAY ROUTLEDGE

Așa cum demonstrează studiile recente efectuate la Universitatea Southampton, nostalgia poate chiar să intensifice optimismul. Amintirea momentelor fericite și sigure, precum și a persoanelor iubite, ne ajută se conștientizăm în momente critice că suntem capabili să ne atingem scopurile și că suntem demni de a fi iubiți și apreciați de către ceilalți.

Așadar, nostalgia nu servește doar la rememorarea cu drag a trecutului, ci ne poate ajuta și să înfruntăm viitorul, să decidem care sunt obiectivele noastre, ce dorim și ce nu dorim în viața noastră.

O rezervă de fericire la purtător

Omul este atât de bine proiectat, încât nu dispune doar de rezerve de energie sub forma grăsimilor pe care le arde. Avem încorporate și rezerve de fericire, sub aspectul unor amintiri agreabile care ne pot înveseli în momentele de tristețe.

Data viitoare când te vei simți trist, neputincios sau prea afectat de răul din lume, apelează la un moment fericit din viața ta. Caută acea aromă de scorțișoară sau de vanilie care te duce în copilărie, dacă e cazul. Simte-te din nou înconjurat de brațele iubitoare ale părinților tăi.

Vei vedea cum îndată te vei simți mai bine, mai puternic și dispus să fii util și amabil cu oamenii care te înconjoară... Pentru că vei dori să creezi amintiri noi, pe care mai târziu vei putea să le rememorezi învăluite în nostalgia plăcută care ne face să fim mai buni.

ARHEOLOGIE PERSONALĂ

Analizează fotografiile tale vechi, suvenirurile din călătorii, jurnalele personale sau pur și simplu fă exercițiul de a închide ochii și de a privi spre trecut. Care ar fi *cele mai bune hituri* ale vieții tale? În ce momente te-ai simțit extrem de fericit și împlinit?

1. ______________________________
2. ______________________________
3. ______________________________
4. ______________________________
5. ______________________________

După ce ai scos la suprafață și ai lustruit aceste amintiri fericite așa cum ar face un arheolog cu artefactele descoperite, gândește-te ce proiect ar putea genera pentru tine, în momentul actual, aceste senzații.

În continuare, aruncă-te în această aventură. Măcar pentru amintirile pe care le vei avea.

GARA NR. 17 **PRIETENIA**
Reconfigurează-ți harta prietenilor

În povestirea sa impresionantă intitulată *În aerul rarefiat**, care povestește o catastrofă trăită pe Everest cu un grup de alpiniști insuficient pregătiți, Jon Krakauer reflectează asupra importanței alegerii potrivite a „colegilor de coardă“, ca să nu sfârșești într-o prăpastie.

Acesta e un aspect de care trebuie să avem grijă și în viața noastră cotidiană, care are propriile suișuri și coborâșuri. Pentru a ne cultiva *ikigai*-ul și a ne atinge scopurile pe care le avem în viață este important să construim în jurul nostru un cerc de încredere, care să ne ajute să ne atingem culmile și să ne sprijine în momentele periculoase.

CONTAGIUNE EMOȚIONALĂ

„Toți avem în jur oameni care ne transmit energia lor de îndată ce se apropie de noi și cu care, fără să știm exact de ce, ne simțim bine. Dar sunt și oameni care, atunci când intrăm în contact cu ei, spre mâhnirea noastră, ne deprimă, ne întristează și ne consumă energia. Toate acestea ni se întâmplă pentru că în relațiile noastre cu ceilalți, în fiecare zi și cu orice prilej, ei ne transmit emoțiile lor."

FERRAN RAMON-CORTÉS

---

* Jon Krakauer, *În aerul rarefiat*, trad. de Ioana Vîlcu, Humanitas Fiction, București, 2013.

Colegii de coardă

Ca să facem selecția pentru formarea echipei ideale, putem să începem prin a elimina. Pentru a ne îndeplini *ikigai*-ul, nu ne-ar fi de folos colegii de coardă care:

- se plâng tot timpul și-i critică pe ceilalți (căci, fără îndoială, și noi vom fi obiectul criticilor lor), transmițându-ne energia lor negativă;
- ne fură timpul în mod abuziv, cerând favoruri sau atenție;
- ne dezamăgesc atunci când avem mai multă nevoie de ei.

Este ușor să recunoaștem acest tip de oameni deoarece, după ce stăm o vreme în preajma lor, ne simțim obosiți, iritați sau fără chef. Cu alte cuvinte, ne simțim mai rău decât înainte.

Dacă învățăm să-i identificăm și să-i îndepărtăm treptat din viața noastră este perfect, pentru că vom câștiga timp liber pe care-l putem petrece cu un grup mai restrâns și mai benefic de prieteni.

SPUNE-MI CU CINE PETRECI MAI MULT TIMP ȘI-ȚI VOI SPUNE UNDE TE AFLI

Acum câteva decenii, omul de afaceri nord-american Jim Rohn a devenit celebru datorită unei conferințe bazate pe această idee: „Ești media celor cinci persoane cu care petreci cel mai mult timp." Voia să spună că acei „colegi de coardă" dau măsura nivelului nostru de fericire sau eficiență în orice domeniu.

Álex Rovira menționează în ultima sa carte această metodă, ce ni se pare foarte utilă pentru formarea unei echipe bune, care să ne fie alături în îndeplinirea *ikigai*-ului nostru. Așa cum succesul unei expediții depinde de suma globală a virtuților și talentelor grupului, și viața noastră cotidiană este influențată de persoanele cu care petrecem cel mai mult timp.

De aceea, Jim Rohn afirmă că, dacă evaluăm cu note de la 1 la 10 nivelul de fericire, de exemplu, al fiecăreia dintre cele 5 persoane cu care petrecem cel mai mult timp, media lor va reflecta propriul nostru nivel de fericire.

Imaginează-ți că pentru cercul tău de prieteni nivelurile de fericire au suma 9+8+8+2+3. Media este 6, ceea ce înseamnă că tu duci o viață moderat satisfăcătoare. Dacă vrei să-ți mărești nota, nu te mai întâlni frecvent cu cei având notele 2 și 3 și înlocuiește-i cu persoane cu un nivel de fericire mai ridicat. Astfel, și media ta de fericire zilnică va crește.

Expertul în comunicare Ferran Ramon-Cortés, autorul unor cărți de referință, cum ar fi *Insula celor cinci faruri*, explică modul în care bilanțul stărilor noastre de spirit depinde de emoțiile pe care le schimbăm cu alții de-a lungul zilei.

În cuvintele sale: „Conștientizarea contagiunii emoționale ne poate schimba relațiile și viața cu o sută optzeci de grade [...]. Toți preferăm să frecventăm oameni care ne «încarcă bateriile», în loc să avem de-a face cu oameni care ne consumă energia. Alegerea conștientă a ceea ce dorim să preluăm ne va ajuta să avem relații interpersonale mai bune și ne va aduce tovarăși de călătorie mai potriviți."

Următorul exercițiu ne poate fi util ca să stabilim prioritățile corecte în aceste aspecte atât de importante ale vieții noastre.

CUM SĂ FACEM O CARTOGRAFIE A PRIETENILOR

Primul pas în înțelegerea relațiilor noastre de prietenie și în organizarea lor ar fi definirea tipului de relații stabilit cu fiecare persoană – ce anume cere de la noi și cu ce ne îmbogățește.

Pentru a vizualiza mai bine această sarcină, putem să stabilim următoarele două categorii:

1. Prietenii care întotdeauna sau aproape întotdeauna îmi inspiră optimism și energie pozitivă, care se preocupă sincer de viața mea și-mi inspiră încredere.

____

____

____

____

2. Oamenii care vorbesc întotdeauna sau aproape întotdeauna despre ei, care cer adesea favoruri, al căror discurs despre viață este aproape întotdeauna negativ; sau pe care-i frecventez din obligație, fără să-mi facă vreo plăcere deosebită.

____

____

____

____

După ce ai separat cercul tău social în două părți, apare întrebarea fundamentală:

Cărui grup îi aparține fiecare dintre cele 5 persoane cu care-mi petrec cel mai mult timp?

____

____

____

____

În continuare, aplică evaluarea lui Jim Rohn la fericirea ta personală sau la orice alt aspect al vieții pe care dorești să-l îmbunătățești. Dacă nu primește „notă de trecere“, gândește-te să te distanțezi de acea persoană ca să-ți mărești nota și încearcă să aduci în cercul tău un „expert“ în materia respectivă.

....

GARA NR. 18 **RETROSPECTIVĂ**
Vizualizează-ți traiectoria

În celebra conferință susținută de Steve Jobs în fața noilor studenți de la Stanford, directorul general al Apple le-a spus:

„Nu poți conecta punctele privind înainte; le poți conecta doar privind înapoi. Așa că trebuie să crezi că punctele se vor uni cumva în viitor. Trebuie să crezi în ceva – în instinctul tău, în destin, în viață, în karma, în ce-o fi. Acest mod de a privi lucrurile nu m-a trădat niciodată și mi-a schimbat radical viața."

Viitorul este un tren căruia nu-i știm întotdeauna destinația. Toți, fără nici o excepție, avem îndoieli și temeri când începem o călătorie nouă de viață, pentru că nu știm dacă ceea ce facem astăzi ne va ajuta la ceva sau nu.

„Viața poate fi înțeleasă numai privind înapoi,
dar trebuie trăită privind înainte."
SØREN KIERKEGAARD

În perioada lui de studenție, Steve Jobs se simțea dezorientat și nu și-a imaginat niciodată că lecțiile de caligrafie la care s-a înscris atunci îl vor ajuta mai târziu să creeze sistemul de operare cu cel mai bun *rendering** de fonturi de pe piață.

Mesajul său este că nu trebuie să ne fie teamă să ne urmăm instinctul dacă ne lăsăm călăuziți de *ikigai*-ul nostru, de ceea ce ne pasionează în fiecare moment al vieții.

---

* Rezultatul procesului de transformare în imagini a informațiilor digitale.

Cu toate că incertitudinea ne inspiră emoție sau panică, trebuie să fim încrezători că totul va căpăta un sens în viitor. Firește, nu chiar totul trebuie să ne fie util în viață. De multe ori o putem lua pe drumuri închise, putem să dăm greș sau să eșuăm. Chiar și așa, în perspectivă, toate aceste experiențe vor deveni lecții de viață care ne vor ajuta să evoluăm.

Mai mult decât atât, adeseori ocolul pe care-l facem ca să ajungem la ceea ce dorim ne permite să admirăm partea mai frumoasă a drumului. Multe dintre descoperirile pe care le facem acolo unde nu speram să ajungem, așa cum Columb a găsit din întâmplare America, reprezintă un premiu infinit mai important decât obiectivul inițial.

UNEȘTE PUNCTELE DIN TRECUT

Ca să-ți înțelegi traiectoria parcursă până în prezent, precum și cea pe care o cultivi pentru viitor, începe prin a-ți formula următoarele întrebări:

1. Care a fost evenimentul cel mai important din viața mea în ultimii cinci ani?

____

____

2. Ce s-a întâmplat înainte? Ce oameni, ce acțiuni ale mele, ce alte lucruri au făcut ca acest eveniment din viața mea să devină realitate?

____

____

3. Ce s-a întâmplat ulterior?

____

____

Legând între ele cele trei răspunsuri la întrebările anterioare, relatează ultimii tăi cinci ani bazându-te pe modul în care s-au conectat punctele fundamentale ce au făcut posibilă viața ta așa cum este acum:

____

____

____

În continuare, analizează cum poți genera noi puncte pentru viitor:

În momentul actual, cu ce te ocupi în cea mai mare parte a timpului și ce eforturi faci? Știi ce roade vei culege în viitor?

____

____

Există vreun lucru pe care ai vrea să-l faci de ceva timp, dar nu reușești pentru că ți-e teamă de eșec sau că va fi inutil?

____

____

Încearcă să faci acel lucru într-un interval de timp rezonabil și nu te neliniști dacă nu întrevezi rezultate imediat. În cele din urmă, punctele se vor uni și totul va căpăta un sens.

....

GARA NR. 19 **ANALOGIC**
Cum să ții o dietă digitală

Încă de la miracolul economic, Japonia este cunoscută pentru tehnologia avansată, așa cum s-a demonstrat prin crearea primului tren-săgeată. Totuși, și locuitorilor ei le plac lucrurile bine făcute și vor să dedice fiecăruia în parte timpul necesar.

Asta-i determină să caute practici care să-i ajute să se deconecteze de sistem și să încetinească trecerea timpului: *to slow down*, cum se spune în engleză.

Întoarcerea la rolfilm

Aparatele foto cu rolfilm încă se mai folosesc în Japonia. Dacă ne plimbăm prin parcul Shinjuku Gyoen, pe lângă oameni cu telefoane mobile și aparate foto digitale, îi vedem și pe cei care caută emoția pe care o transmite fotografierea analogică și frumoasa așteptare a developării filmului.

Mulți fotografi japonezi importanți încă mai realizează fotografii cu aparate de tipul celor folosite demult. Sau, cei care au făcut pasul spre aparatul digital, cum este legendarul Daido Moriyama, dezactivează opțiunea de previzualizare pe ecran, simulând experiența fotografierii cu un aparat cu rolfilm.

În ipostaza de turist pentru o zi, să faci trei sute de fotografii cu telefonul mobil este o cu totul altă experiență decât să fotografiezi cu un rolfilm de treizeci și șase de poziții, care te obligă să ai o privire selectivă.

În cazul telefonului mobil, dacă o fotografie nu este suficient de clară, fotografiezi de încă zece ori fără să stai pe gânduri, acumulând mult material inutil în memoria telefonului. În cazul unui rolfilm, stai să evaluezi locul înainte să faci fotografia și te gândești la ce vrei să surprinzi înainte de a trece la acțiune, așa cum face un poet înainte să scrie un haiku.

Fotografia analogică și artele manuale în general îți oferă timp să reflectezi și să te bucuri de proces. Te simți mai relaxat și mai implicat, iar asta se simte în fotografie.

Tot ceea ce ne ajută să creăm spațiu mental ca să dăm frâu liber energiilor creatoare este benefic pentru *ikigai*-ul nostru.

Exemplul maeștrilor tehnologiei

Cu toate că tehnologia ne-a făcut viața mult mai ușoară și a stimulat dezvoltarea civilizației, ea totodată ne-a înrobit și ne-a făcut dependenți de dispozitive în care am ajuns să avem mai multă încredere decât în propriile simțuri.

Multe studii demonstrează că dependența de noile tehnologii, în special dependența de jocuri video și rețele sociale a tinerilor, poate provoca numeroase cazuri de depresie, părăsire a locului de muncă și chiar suicid. Nu mai surprinde pe nimeni că primul lucru pe care-l fac majoritatea oamenilor la trezire și ultimul lucru dinainte de culcare este să se uite pe telefonul mobil ca să vadă ce mesaje au primit.

Puțini dintre noi luăm măsuri ca să ne îndepărtăm de acest nou drog ale cărui efecte adverse îi determină până și pe maeștrii tehnologiei să se distanțeze de propriile creații. Ei înșiși au recunoscut necesitatea de a se întoarce la viața de care se bucurau cu ani în urmă, de a recupera acel mod de trai în care comunicau față în față cu alți oameni.

Chiar Steve Jobs a impus restricții de folosire a tehnologiei la el acasă, iar copiii săi au utilizat destul de târziu un iPad. Chris Anderson, editorul revistei *Wired* și directorul actual al unei firme care fabrică drone, îl asigura pe Nick Bilton, de la *New York Times*, că preferă ca fiii lui să se supere pe el decât să-și petreacă prea mult timp folosind dispozitivele pe care el însuși le promovează:

„Copiii mei mă acuză pe mine și pe soția mea că suntem excesiv de autoritari și că ne îngrijorăm prea mult din cauza tehnologiei, și ne asigură că nici unuia dintre prietenii lor nu i s-au impus asemenea reguli." Totuși, expertul are motivele lui ca să procedeze în acest mod, așa cum afirma pentru prestigiosul cotidian american: „Noi am văzut pericolele tehnologiei în mod direct. Le-am văzut asupra mea și nu vreau să văd cum se răsfrâng și asupra copiilor mei."

Dieta digitală

Detașarea de tehnologie nu e ușoară, pentru că a ea devenit parte a tuturor aspectelor vieții noastre, dar dezintoxicarea este posibilă. E ceea ce susține un alt expert în materie, directorul de marketing al Google, Daniel Sieberg.

După ce și-a dezvoltat o intensă și celebră carieră în televiziune și pe internet, acest guru al comunicării a trăit în mod direct presiunea pe care o exercită mijloacele de comunicare zi de zi nu doar în plan profesional, ci și în viața privată: „Cu toate că punem sub semnul întrebării ceea ce mâncăm și bem în mod frecvent, rareori ne punem problema efectelor acestei invazii constante a tehnologiei. Gândește-te. Gadgeturile și paginile web nu sunt prevăzute cu etichete nutriționale. Nimeni nu reglementează câtă tehnologie consumi sau cât de eficientă e pentru tine."

Din acest motiv, bazându-se pe experiențele sale profesionale și personale, a scris cartea *Dieta digitală*, în care ne avertizează asupra pericolelor la care suntem supuși și ne oferă câteva soluții pentru a elimina excesul de tehnologie din dieta noastră.

Potrivit acestui expert, adoptarea unei diete digitale sănătoase trece prin următoarele etape:

1. Să analizăm efectul pe care-l produce tehnologia asupra noastră și asupra societății. În acest sens, ne încurajează *să petrecem o zi sau două departe de dispozitive și să descoperim ce se întâmplă.*
2. *Să studiem câtă tehnologie consumăm zilnic.* Cu alte cuvinte, să analizăm câte dispozitive avem, frecvența cu care le folosim și cât de mult depindem de ele.
3. *Să ne reconectăm treptat la tehnologie, cu un consum controlat*, care să fie complementar relațiilor reale și apropiate cu persoanele pe care le iubim.
4. *Să perfecționăm noua dietă tehnologică acordând prioritate calității în detrimentul cantității* și bucurându-ne de un consum responsabil, care să ducă la o mai bună calitate a vieții.

Soluția, așa cum afirmă acest expert, nu este să disprețuim tehnologia și să renunțăm la toate gadgeturile noastre, ci să ne împăcăm cu ea; să n-o mai considerăm stăpâna noastră, ci s-o transformăm în instrumentul nostru.

„Este momentul să facem cu tehnologia pace, nu război. Nu-ți detesta telefonul sau e-mailul sau serviciile web. Modelează-le în rutina ta și domesticește-le într-un mod care să-ți ofere autoritate. Ele îți slujesc ție."
DANIEL SIEBERG

Așa cum se întâmplă cu orice dietă, nici aceasta nu e potrivită pentru cei temători sau nehotărâți. Dar dacă o urmăm și ne angajăm s-o respectăm, ne vom da seama cât de bine putem trăi în această lume modernă. Până într-o zi când, dintr-odată, îi vom privi surprinși și mirați pe cei care continuă să fie sclavii unei diete cu un nivel ridicat de radiații.

OBICEIURI ANALOGICE PENTRU RELAXAREA CORPULUI ȘI A MINȚII

Lentoarea lucrurilor analogice ne oferă timp să reflectăm, să ne relaxăm și să ne bucurăm de proces. Utilizarea din când în când a tehnologiilor *slow* ajută psihicul nostru să se odihnească, să iasă din starea continuă de alertă la care suntem supuși în graba permanentă de a răspunde la ultimul mesaj ce ne-a făcut buzunarul să vibreze.

În continuare, iată câteva idei pentru a adăuga obiceiuri sănătoase în rutina ta zilnică:

1. Dacă citești doar pe *e-reader*, cumpără-ți un roman al autorului tău preferat în format tipărit.
2. Iei notițe într-o aplicație de pe mobil? Nu mai folosi telefonul în acest scop, cumpără-ți un blocnotes care să-ți încapă în buzunar și poartă-l cu tine peste tot.
3. Cumpără-ți un aparat analogic și utilizează-l în următoarea ta călătorie ca să faci fotografii. Înainte de fiecare fotografie respiră adânc, apreciază momentul, simte-l și surprinde sentimentul în poză. Du filmul la developat și ieși la o cafea cu persoanele cu care ai călătorit ca să vedeți împreună fotografiile tipărite.
4. Lucrezi la un text pe calculator? Tipărește-l și verifică-l folosind un pix. Când vei verifica textul pe hârtie vei găsi greșeli pe care nu le-ai văzut pe ecran, căci acesta e hipnotic, și-ți vor veni idei noi, care nu-ți trecuseră prin

minte când lucrai în grabă, așteptând, de la un moment la altul, un răspuns la ultimul e-mail trimis.

5. Cumpără-ți un pick-up. Simplul fapt de a scoate discul de vinil din copertă și de a pune acul cu grijă te va face să acționezi încet și să te gândești la artistul pe care-l vei asculta. În plus, necesitatea de a schimba discul după cinci sau șase cântece îți va oferi pauzele corespunzătoare „tehnicii pomodoro" de care ne-am ocupat în capitolul 12.

GARA NR. 20 **SLOW LIFE**
Cine merge încet ajunge departe

Nu e suficient să renunțăm la tehnologia care ne înrobește ca să recuperăm ritmul firesc al omului.

Lumea actuală este, dincolo de tehnologiile ei, o lume rapidă, vertiginoasă, care ne obligă să ne ținem bine, cu toată forța, în fiecare zi, ca să nu ne pierdem locul. Viteza cu care ne mișcăm nu e doar o obișnuință, ci pare să confere și un oarecare prestigiu. *Omul ocupat este asociat cu succesul*, când ar trebui să se întâmple exact contrariul. La ce folosesc succesul și banii dacă nu ai timp să savurezi o ceașcă de ceai?

Confruntați cu această grabă nejustificată – la urma urmei nu ne fugărește un animal de pradă –, avem posibilitatea să oprim lumea și să ne oferim o viață mai ușoară, liniștită și plăcută.

Altfel spus, ca să ne bucurăm de pasiunile noastre, de *ikigai*-ul care ne călăuzește, este esențial să regăsim viața simplă și controlul asupra ritmului nostru de viață.

„M-am dus în pădure pentru că am vrut să trăiesc deliberat, să dau piept numai cu faptele esențiale ale vieții și să văd dacă nu puteam învăța ce avea ea să-mi spună, ca să nu descopăr, atunci când voi ajunge să mor, că nu am trăit. [...] Am vrut să trăiesc profund și [...] să înfrâng tot ce nu era viață..."*

H.D. THOREAU, *WALDEN SAU VIAȚA ÎN PĂDURE*

---

* H.D. Thoreau, *Walden sau Viața în pădure*, trad. de Ștefan Avădanei și Alexandru Pascu, ed. ACT și Politon, București, 2015, p. 99.

Lentoarea este și ea modernă

Cu toate că în secolul al XIX-lea Henry David Thoreau a fugit de civilizația care-l stresa, ca să locuiască doi ani, două luni și două zile într-o cabană din pădure, mișcarea actuală Slow Life a început să se organizeze atunci când numeroși locuitori din Roma și mai mulți fermieri, conduși de sociologul și politicianul Carlo Petroni, s-au opus deschiderii unui celebru fast food în Piața Spaniei.

Deși atât acesta, cât și alte lanțuri de fast food s-au extins, mișcarea Slow Food a început ca o reacție locală pentru a deveni cu timpul un curent mondial: Slow Life.

Este vorba, în definitiv, de a acorda mai multă importanță calității și mai puțină cantității, pe toate planurile:

- mai puține haine, dar care să dureze mai mult;
- mai puțină carne, dar obținută pe căi naturale;
- mai puține sarcini și mai mult timp liber;
- mai puțini prieteni, dar care să ne iubească mai mult;
- valorificarea timpului pentru lucrurile care contează cu adevărat.

„Secolul nostru, care a început și s-a dezvoltat sub semnul civilizației industriale, a inventat întâi robotul și apoi a adoptat modelul lui de viață. Suntem înrobiți de viteză și toți am căzut pradă aceluiași virus insidios: Viața Rapidă, care ne tulbură obiceiurile, pătrunde în intimitatea caselor noastre și ne obligă să ne hrănim cu fast food. Pentru a fi demn de numele său, *Homo sapiens* ar trebui să se elibereze de viteză înainte ca aceasta să-l reducă la o specie pe cale de dispariție."

MANIFESTUL OFICIAL AL MIȘCĂRII SLOW FOOD

În fond, scopul este de a ne dedica timp nouă înșine, persoanelor dragi și lucrurilor care ne pasionează.

Toți deținem abilitatea de a ne bucura de viață, chiar dacă uneori uităm s-o facem. „Viața lentă" ne permite să preluăm frâiele și să ne reconectăm la ritmul naturii.

Trebuie doar să adoptăm o viață mai simplă, mai pură, mai satisfăcătoare, amuzantă și plăcută.

INIȚIATIVE PENTRU A ADERA LA „SLOW LIFE"

Este suficient să acordăm atenție detaliilor mărunte, să introducem mici schimbări în obiceiurile noastre pentru a ne îmbunătăți considerabil calitatea vieții.

Iată câteva propuneri:

- Setează telefonul pe modul avion începând cu o anumită oră a zilei.
- Stai cât mai puțin pe rețelele sociale, pe cât posibil după un orar fix și limitat.
- Alege un mijloc și un unic moment al zilei ca să citești sau să vezi știrile și concentrează-te pe cele care te ajută să trăiești mai bine.
- Acordă prioritate produselor și hainelor de origine sustenabilă și ecologică.
- Găsește timpul necesar ca să cumperi produse proaspete de la piață, ca să le gătești și să te bucuri de masă în liniște.
- Alocă doar timpul strict necesar la locul de muncă, dar folosește-l bine.
- Acordă prioritate întâlnirilor fizice în defavoarea celor virtuale.

PARTEA A TREIA

CĂLĂTORIE ÎN PREZENT

Integrarea trecutului și viitorului propriu în prezentul etern al vieților noastre

De pe principalul sanctuar șintoist

Ise 伊勢

Ultimele zile de călătorie ne aduc în localitatea Ise, aflată pe coastă. Este Mecca japonezilor, căci aici se află sanctuarul șintoist cel mai important.

Ajungem cu trenul și luăm un taxi până la un *ryokan* aflat în mijlocul naturii. Proprietarul locului de cazare tradițional ne întâmpină la poartă. Deschide portbagajul taxiului și ne ajută să ne luăm lucrurile.

— Mă numesc Tanaka, se prezintă zâmbind larg.

— Încântați să vă cunoaștem, noi suntem Héctor și Francesc.

— O, vorbiți japoneză! i se adresează Tanaka lui Héctor.

— Ei, încă mai învăț...

— Sunteți norocoși. Vă aflați în cel mai bun *ryokan* din zonă, ne spune proprietarul, arătând spre orizontul nemărginit acoperit de păduri. În această pădure se găsește sanctuarul de la Ise. Este atât de aproape, că puteți merge pe jos.

Soarele coboară zugrăvind copacii în tonuri ce ne amintesc de sosirea toamnei.

În zorii zilei, deschidem fereastra și întrezărim conturul structurilor de lemn ale sanctuarului de la Ise disimulate printre copaci. Ca și cum ar fi niște ființe vii ce se integrează și conviețuiesc cu natura înconjurătoare. Lemnul porților *torii* încadrează ceea ce este cu adevărat important: copacii, râul, viața care-l înconjoară și zeii *kami* care stăpânesc locul.

Ieșim din *ryokan* și pătrundem în universul sanctuarului de la Ise, consacrat zeiței Soarelui, Amaterasu.

Traversăm podul de lemn de la intrare și, după ce trecem de două porți *torii*, intrăm în pădurea în care copacii se confundă cu structurile de lemn dedicate zeilor.

— E ciudat: când am venit aici prima dată, am văzut alt sanctuar, dar am impresia că este același, spune Héctor uitându-se la sanctuar printr-una din porțile *torii*.

— Mi-ai povestit că e reconstruit la fiecare douăzeci de ani, remarcă Francesc, fascinat.

— Într-adevăr, ultima dată când l-au reconstruit a fost în 2013. Ceea ce vedem acum reprezintă a 62-a *iterație*. A fost demontat și remontat de șaizeci și două de ori!

— În Europa ne-am smulge părul din cap dacă ar trebui să dărâmăm o catedrală ca s-o construim din nou.

— Ar fi și mult mai scump. Sanctuarul de la Ise este foarte simplu. Se folosește lemn din pădurea care ne înconjoară și nu se utilizează nici un cui sau element metalic pentru întărirea structurii. Se urmează instrucțiunile și modul de construcție tradiționale, de acum câteva mii de ani, folosind corzile *shimenawa*, făcute prin împletirea paielor de orez, care însemnează obiectele sau teritoriul de natură sacră. Probabil din acest motiv simt că văd același lucru, și totuși complet diferit. Esența este aceeași.

— Cum spunea Lampedusa, „trebuie să schimbăm totul pentru ca nimic să nu se schimbe", meditează Francesc cu voce tare. Este un tip de prezent etern.

Ise ne-a inspirat să scriem despre prezent. Meditația e una dintre disciplinele cele mai utilizate în acest scop, însă noi, autorii acestei cărți, credem că orice activitate care ne îndreaptă atenția spre prezent ne permite să intrăm în fluxul la care ne refeream în *Ikigai*. Orice activitate artistică este un vehicul excelent pentru a ne canaliza spiritul și mintea spre prezent, acolo unde se nasc cele mai mari reușite și se cultivă schimbările mărețe.

Arta trăiește întotdeauna aici și acum, pentru că este eternă. Ești pregătit să intri în fluxul unui prezent interminabil, fericit și creator?

GARA NR. 21 **PREZENȚA**
Cine aleargă după doi iepuri nu prinde nici unul

De la fereastra trenului se vede, pe culmea unui deal, o mănăstire zen foarte asemănătoare cu cea pe care o vizitează protagoniștii din *Înțelepciune garantată*, filmul realizat de Doris Dörrie în anul 2000.

Este mai mult decât un simplu film de ficțiune, e un documentar, căci actorii își folosesc numele reale și improvizează pornind de la o intrigă foarte generală. Doi frați germani, Uwe și Gustav, decid să călătorească în Japonia ca să-și depășească fiecare criza personală și să se regăsească pe sine într-o mănăstire zen.

După ce rătăcesc câteva zile prin Tokyo, reușesc să ajungă la mănăstirea Sojiji, unde vor învăța alături de călugări să-și dedice toată energia și atenția unui singur lucru: să împăturească meticulos un șervețel cu tacâmuri, să spele podeaua de lemn, să mediteze și să recite mantra.

Pe durata filmării, călugării nu au făcut decât să-și vadă de viața cotidiană, la care luau parte actorii în timp ce camera filma.

Multitasking-ul epuizează și nu are randament

În prezent, lucrurile care ne distrag atenția au preluat controlul asupra vieților noastre. Este absurd să ne lamentăm sau să întoarcem spatele avantajelor tehnologice, dar putem să luăm decizii astfel încât noi să dominăm tehnologia, și nu ea pe noi.

Așa cum explicam în capitolul „Să intri în flux" din cartea noastră intitulată *Ikigai*, numeroase studii au demonstrat că oamenii nu sunt eficienți prin *multitasking*. În primul rând, din cauza calității scăzute a atenției pe care o acordăm fiecărui lucru. În al doilea rând, pentru că de fiecare dată când renunțăm și ne reapucăm de o activitate suntem supuși uzurii.

Acest lucru explică de ce la finalul unei ore ocupate cu *multitasking* ne simțim epuizați, în timp ce un grădinar sau un pictor poate să stea patru ore concentrat asupra unui singur lucru fără să resimtă oboseala.

Chiar dacă avem senzația că valorificăm mai bine timpul dacă vedem un clip pe YouTube, învățăm pentru un examen și răspundem la mesajele de pe mobil în fiecare sfert de oră, în realitate am avansa mult mai mult dacă am împărți timpul în trei părți: timp alocat vizionării pe YouTube, timp pentru studiu și timp pentru răspuns la mesaje.

Un vechi proverb vânătoresc spune: „Cine aleargă după doi iepuri nu prinde nici unul."

CÂND STAI AȘEZAT EȘTI ZEN, CÂND TE PLIMBI EȘTI ZEN, IPHONE-UL ESTE ZEN

„Odată, întrând într-un templu din munții Nagano, m-am simțit transportat în timpuri imemoriale. Era un templu budist și i-am văzut pe călugări meditând într-o sală decorată foarte auster.

Sesiunea de meditație s-a încheiat și fiecare călugăr s-a întors la treburile lui. Unul dintre ei a ieșit în grădină și s-a așezat pe aceeași bancă pe care stăteam eu și beam un ceai verde. Și mare mi-a fost surpriza când l-am văzut că scoate un iPhone dintr-un buzunar interior. Era fericit și zâmbitor în timp ce răspundea la mesaje. I-a scăpat chiar și un hohot de râs.

Apoi a băgat iPhone-ul în buzunar, s-a întors spre mine și m-a întrebat cum mă cheamă și de unde sunt. În timp ce-i răspundeam, mă privea în ochi de parcă eram singurul lucru care exista pentru el în acel moment. După acel dialog inițial, l-am întrebat:

— Nu te distrage iPhone-ul în timp ce practici zen?

— Când ești așezat ești zen, când te plimbi ești zen, iPhone-ul este zen. Dar nu te îndoi.

Răspunsul călugărului era o variantă a zicalei: *Când te așezi, așază-te. Când mergi, mergi. Nu șovăi."*

HÉCTOR

În această zicală zen se găsește esența a ceea ce în engleză se cunoaște sub numele de *mindfulness*: să fim prezenți în fiecare moment, atenți la percepțiile corpului și conștiinței noastre în tot ceea ce facem.

Când stăm așezați, toată conștiința și corpul nostru să fie îndreptate asupra acestui lucru. Când mergem, să facem același lucru, concentrându-ne însă pe actul de a merge. Ultimul îndemn, *Nu șovăi*, ne amintește importanța de a fi prezenți pe deplin în fiecare lucru pe care-l facem.

Câteva idei ca să nu șovăim:

- Dacă mănânci, îndepărtează telefonul mobil și nu te uita la el până nu termini. Mai ales dacă mănânci cu alte persoane, căci merită să le acorzi atenție totală.
- Dacă te plimbi, bucură-te de plimbare ca și cum ar fi cel mai important lucru din lume.
- Dacă faci duș, imaginează-ți că este ultimul duș pe care poți să-l mai faci în viață. Apreciază fiecare clipă în care apa caldă îți masează corpul.

ÎMPARTE-ȚI ZIUA ÎN TIMP ÎN CARE INTRI ÎN FLUX ȘI TIMP ÎN CARE TE LAȘI ÎN VOIA LUCRURILOR

Așa cum călugărul zen are timp să mediteze, să răspundă la mesaje pe telefonul mobil și să converseze cu un străin, și noi putem să ne organizăm rutina zilnică în intervale de prezență totală. În acest fel, nu ne vom mai lăsa presați de lucrurile urgente, ci vom fi noi cei care deținem controlul.

O tehnică simplă ca să reușim este să ne rezervăm câteva momente pe zi în care să fim pe deplin concentrați asupra unui singur lucru.

Prima sesiune de concentrare ca să intri în fluxul unei singure activități:
Ora de începere și de final: ______________________
Sarcina: ______________________________________

A doua sesiune de concentrare ca să intri în fluxul unei singure activități:
Ora de începere și de final: ______________________
Sarcina: ______________________________________

A treia sesiune de concentrare ca să intri în fluxul unei singure activități:
Ora de începere și de final: ______________________
Sarcina: ______________________________________

OBSERVAȚII:
- În fiecare sesiune de „intrare în flux“ se poate folosi „tehnica pomodoro“ pe care am explicat-o în capitolul 12.
- În timpul din afara sesiunilor de concentrare, lasă-te distras de alte activități. Nu este nevoie să fii precum un călugăr zen toată ziua.

GARA NR. 22 **SĂ SCRII ÎNSEAMNĂ SĂ SELECTEZI**

Puterea hârtiei și a cernelii

Scrisul constituie una dintre terapiile cele mai eficiente. Pacienții care urmau tratamentul psihoterapeutului Shoma Morita (1874–1938), căruia i-am dedicat un capitol în *Ikigai*, își comunicau zilnic în scris emoțiile.

Când lăsăm să iasă la suprafață ceea ce purtăm înlăuntrul nostru, pe lângă faptul că ne clarificăm și ne punem în ordine ideile și emoțiile, ne curățăm subconștientul de sarcini inutile, ceea ce face ca trenul vieții noastre să accelereze în direcția dorită.

Beneficii medicale ale scrisului

Știința modernă a demonstrat efectul pozitiv al scrisului asupra sănătății. Doctorul Matthew Lieberman de la universitatea UCLA a utilizat IRMF (imagistică prin rezonanță magnetică funcțională) pentru a scana creierul subiecților dintr-un experiment, împărțindu-i în două grupuri:

1) Cei care scriau despre emoțiile lor în fiecare zi.

2) Cei care nu practicau acest obicei sau care scriau despre ceva neutru (de exemplu, rapoarte profesionale).

După câteva zile, activitatea amigdalei la cei din primul grup a început să se reducă, ceea ce era un semn fiziologic de sănătate și de stres scăzut.

Concluzia studiului a fost că scrisul despre viața și emoțiile noastre ajută la reglarea activității amigdalei, care la rândul său ne modulează intensitatea emoțiilor.

TE CREEZI PE TINE ÎNSUȚI

„În jurnal nu numai că mă exprim mai deschis decât aș putea-o face vorbind cu orice altă persoană, ci și mă creez pe mine însămi. Jurnalul este vehiculul identității mele. Mă reprezintă ca persoană liberă din punct de vedere emoțional și spiritual. Prin urmare, nu este o simplă consemnare a vieții mele cotidiene. Este mai mult decât atât. În multe cazuri, jurnalul îmi oferă o alternativă."
SUSAN SONTAG

Un jurnal de viață

Important când ții un jurnal este, după cum arată originea cuvântului, să scrii zilnic. Nu e nevoie să faci nimic sofisticat. Pur si simplu...

- Așază-te la începutul zilei sau la finalul ei și scrie primul lucru care-ți trece prin minte.
- Scrie despre ceva emoționant care ți s-a întâmplat astăzi sau despre planurile de viitor apropiat care ți se conturează în minte.
- Încearcă să scoți în relief partea pozitivă.

Referitor la acest ultim punct, desigur că în viață ni se întâmplă și lucruri neplăcute. Scrie despre ele, dar meditând la ceea ce ai fi putut să faci mai bine, astfel încât să nu ți se mai întâmple. Întrebările fundamentale sunt:

1. Ce-am învățat din această experiență neplăcută?
2. Ce schimbări trebuie să fac în viață ca să nu mi se mai întâmple altfel de lucruri?

CREEAZĂ UN JURNAL DE 5 MINUTE

Fă rost de un blocnotes care să te inspire prin culoare și design. Dacă nu ai nimic la îndemână, cumpără unul pe care să-l utilizezi doar în acest scop.

În fiecare zi începe o pagină nouă. Împarte-o în două cu o linie orizontală.

1. În secțiunea superioară scrie trei minute dimineața, de îndată ce te-ai trezit.
2. În partea de jos scrie două minute seara, înainte să te culci.

După ce ai împărțit pagina, te apuci de scris:

Dimineața (1 minut pentru fiecare item):

- Trei lucruri pentru care trebuie să fiu recunoscător în acest moment al vieții:

____

____

____

- Trei lucruri care vor face ca ziua care începe să fie deosebită:

____

____

____

- Afirmația zilei, ASTĂZI VOI...:

____

____

____

Încearcă să nu te gândești prea mult la ce scrii. La fel ca în arta haikuului, despre care vom vorbi în alt capitol, trebuie să scrii primul lucru care-ți trece prin minte când deschizi carnețelul. Acesta e motivul pentru care exercițiul se numește *jurnalul de 5 minute.*

Continuă cu acest jurnal rapid.

Seara (1 minut pentru fiecare item):

- Trei lucruri excelente care s-au întâmplat astăzi:

____

____

____

- Ce aș fi putut face ca ziua de astăzi să fie mai bună?

____

____

____

La cele trei lucruri „excelente", consemnează lucrurile cele mai emoționante sau semnificative care ți s-au întâmplat în ziua respectivă. Pot fi detalii, dar la care nu te așteptai când te-ai trezit dimineața. De exemplu: „Un prieten/o prietenă care nu-mi scrisese de un an mi-a trimis un mesaj pe telefonul mobil și asta m-a făcut să mă simt iubit/iubită", sau: „Când mă plimbam prin parc mi-a venit o idee fantastică pentru următorul meu proiect personal".

Atunci când explici ce-ai fi putut face ca ziua să fie mai bună, poți avea tendința să te întinzi la vorbă, însă mult mai util este să fii direct, ca să lași astfel subconștientul să învețe în timp ce dormi. Poate fi ceva de genul: „Astăzi am avut lucruri urgente de făcut de când m-am trezit dimineața. Trebuia să preiau controlul și să stabilesc priorități de la începutul zilei."

Pentru mai multe informații despre această tehnică: www.fiveminutesjournal.com.

....

GARA NR. 23 **HAIKU**
Descoperă poetul din tine

Poetul Basho spunea că „haikuul este ceva ce se întâmplă în acest loc și în acest moment". De aceea, minusculele poezii japoneze au menirea de a transmite prin scris emoția asemenea unei picturi sau unei fotografii.

Haikuul este nu doar o artă care pune în mișcare esența noastră cea mai profundă, ci și un excelent instrument de explorare a sinelui.

În mod tradițional, este compus din trei versuri de câte cinci, șapte și cinci silabe, și caută să atingă gradul cel mai ridicat de simplitate. Versurile nu pot fi baroce sau artificiale și nici excesiv de subiective. Poetul trebuie să-și prezinte trăsăturile de penel nude, fără metafore sau comparații complicate.

Însuși Basho Matsuo (1644–1694) este considerat primul mare maestru al haikuului. Prin intermediul acestor versuri simple a abordat și forme de poezie mai complexe și tradiționale, cum sunt *renga*, poeme de aproximativ o sută de versuri. Basho era adeptul combaterii artificialității, iar prin haikuurile sale căuta esența vieții și armonizarea cu natura.

Acestui poet clasic i-au urmat mulți alți autori japonezi care au revoluționat această artă, conferindu-i uneori un ton mai descriptiv, alteori mai emoționant, dar păstrând întotdeauna esența haikuului – concizia.

După deschiderea Japoniei din timpul erei Meiji, arta haikuului a fascinat scriitori din întreaga lume, ca Jorge Luis Borges, Octavio Paz sau Jack Kerouac.

Dans de petale
Vânt domolit
Primăvară eternă.
HÉCTOR

Cum se scrie un haiku

Noi, autorii acestei cărți, ne-am dedicat acestei mici arte ca să confirmăm că, fără a fi poeți, este posibil să scriem haikuuri în altă limbă decât japoneza, păstrându-le totuși esența.

Foarte pe scurt spus: în *Copacul haikuurilor**, semnat de Albert Liebermann, se fixează elementele de care trebuie să ținem seama când scriem un haiku:

1. Să fie compus din trei versuri fără rimă.
2. Să fie atât de scurt, încât să permită citirea lui cu voce tare pe durata unei respirații.
3. Pe cât posibil, să includă o referință la natură sau la anotimpuri.
4. Să fie scris întotdeauna la timpul prezent – cu toate că verbele pot fi omise; nu se proiectează niciodată în trecut sau în viitor.
5. Să exprime remarca sau uimirea poetului.
6. Versurile să evoce unul dintre cele cinci simțuri.

---

30 DE HAIKUURI ÎN 30 DE ZILE

Procesul de scriere a unui haiku este un magnet care ne atrage mintea spre prezent și deschide spații neașteptate înlăuntrul nostru.

---

* Albert Liebermann, *El árbol de los haikus (Inspiraciones)*, Oceano de Mexico, 2006.

Ca exercițiu de radiografiere a sufletului, îți propunem să dedici fiecare dintre următoarele treizeci de zile acestei arte. Trebuie să aloci acestui exercițiu doar două minute – haikuul ideal este cel care se naște în mod spontan, pe negândite – ca să scrii trei versuri în care să exprimi ceea ce resimți aici și acum.

Poți să utilizezi un carnețel, o aplicație pentru notițe de pe *smartphone* sau chiar Twitter.

Metoda și calitatea literară a haikuului contează cel mai puțin, important este să-l transformi într-un obicei timp de treizeci de zile. Să vedem cum se procedează:

1. Alege un moment al zilei propice, de exemplu în drum spre serviciu sau de la serviciu spre casă.
2. Respiră adânc, privește în jur și întreabă-te: Ce văd? Ce simt? Ce aud? Ce miros? Care este esența acestui moment, înlăuntrul și în afara mea?
3. După ce ai răspuns la această întrebare, scrie fără să te gândești, în trei rânduri, ceea ce a ieșit la iveală.

Peste treizeci de zile recitește-le pe toate.

Găsești vreun tipar sau vreo temă recurentă? Se prea poate ca haikuurile tale să-ți ofere indicii despre lucrurile care-ți plac și pe care le apreciezi, despre momentul tău de viață, de care faci însă abstracție pentru că ești tot timpul ocupat să te gândești la trecut și la cotidian.

GARA NR. 24 **DECIZII CRUCIALE**
Inițiative care-ți schimbă viața pentru totdeauna

În fiecare zi, fără excepție, luăm mici decizii care ne modelează prezentul și ne afectează într-un fel sau altul viitorul. Totuși, există hotărâri care, prin importanța lor, sunt deosebit de relevante și schimbă totul. De aceea ne e greu să le luăm.

Renunțarea la un loc de muncă epuizant, inițierea sau ruperea unei legături sentimentale cu cineva, schimbarea profesiei, a orașului sau chiar a țării, decizia de a avea copii, abandonarea obiceiurilor pe care le-am avut o viață întreagă... Fiecare dintre aceste hotărâri ne va afecta toate aspectele vieții.

Așa cum s-a întâmplat cu trenul-săgeată, care a determinat schimbarea conceptului de tren, cum am văzut în primul capitol, anumite decizii echivalează cu o renaștere, căci nimic nu va mai fi ca la început.

„La maturitate, fiecare persoană trebuie să ia între zece și douăsprezece decizii cruciale care-i vor marca destinul ca om. O decizie crucială este aceea care presupune o etapă anterioară și una ulterioară în viață, întrucât afectează toate planurile existenței."
JOSEP ANTONI BOLINCHES

O radiografie de viață

În categoria deciziilor cruciale intră unele hotărâri luate de milioane de oameni, cum sunt renunțarea la fumat sau la consumul de carne, schimbarea orientării sexuale, încheierea unei căsnicii, renunțarea la un loc de muncă „fix“, schimbarea totală a profesiei, a religiei, a scopului în viață...

Un bun barometru pentru a afla gradul nostru de implicare în viitor ar fi să ne gândim câte decizii cruciale am luat, din momentul când am preluat controlul asupra vieții noastre, și câte ar trebui să mai luăm astfel ca trenul nostru să ajungă la destinația dorită.

Exercițiul din finalul acestui capitol este orientat spre vizualizarea acestei radiografii necesare pentru a ne atinge scopurile în viață.

CUM AM AJUNS PÂNĂ AICI

„Într-o sâmbătă după-amiază, după un seminar cu doctorul Bolinches, m-am gândit ce decizii cruciale m-au adus în locul în care sunt acum, și una dintre cele mai importante a fost aceasta:

- *Să nu mai lucrez niciodată într-o firmă.* Am luat această decizie după o experiență negativă ca editor. De cincisprezece ani sunt fidel acestei decizii, chiar dacă uneori plătesc cam scump pentru ea.

Apoi mi-am dat seama că recent am mai luat niște hotărâri care pot fi numite cruciale, pentru că deja îmi transformă viața:

- *Să nu-mi petrec serile și weekendurile în fața calculatorului* (cu excepția rezolvării corespondenței electronice). Acest lucru e într-adevăr nou în viața mea, pentru că în primii cincisprezece ani ca freelancer lucram de luni până duminică și de dimineața până târziu, la ora de culcare. Nu mă dezlipeam de calculator nici în timpul călătoriilor.
- *Să nu mai cerșesc niciodată iubirea cuiva.* Dacă o persoană decide să plece din viața mea, oricât de multe

lucruri am împărtășit înainte, o las să plece și nu mai lupt ca să-i câștig atenția. În aceeași categorie intră și renunțarea la obligația de a fi mereu amabil. Nu se întâmplă nimic dacă cineva te consideră antipatic, nu poți să le placi tuturor.

- *Să dedic jumătate din zi oamenilor, nu ecranelor.* Altfel spus, să accept mai puține sarcini dintre cele pe care nu le fac cu plăcere și să acord atenție, în mod individual, oamenilor pe care pot, cu propriile mele mijloace, să-i ajut.
- *Să conștientizez ceea ce este neconștientizat.* Am ajuns la concluzia că de-a lungul vieții am făcut multe lucruri pe care în realitate nu-mi doream să le fac. Aveam o stare proastă sau eram neliniștit, dar nu mă întrebam: de ce mă simt rău făcând asta? În momentul în care îndrăznești să-ți răspunzi la această întrebare, starea neplăcută de natură necunoscută este conștientizată și poți s-o înțelegi și să acționezi în consecință. Atunci sosește adevărata schimbare."

FRANCESC

Când iei decizii cruciale este normal să te cuprindă emoția proprie celui care se aventurează în necunoscut, dar dacă rămâi unde te afli te vei cufunda fără să fi făcut nici măcar un pas spre salvare.

De aceea merită, la anumite intervale de timp, să faci o analiză a situației în care ești și să depistezi semnalele de avertizare pe care ți le trimite viața, astfel încât să faci schimbările necesare pentru a acorda spațiu – fizic și mental – *ikigai*-ului tău.

RADIOGRAFIA DECIZIILOR CRUCIALE

Începe cu analiza marilor tale decizii din trecut, din momentul în care ai luat inițiativa, și a efectului pe care l-a avut asupra vieții tale pasul făcut.

Pot fi legate de studiile tale şi/sau filozofia ta de viaţă, de alimentaţie, viaţa socială, orientarea sexuală, priorităţi etc., urmate de consecinţele pe care le-au produs în viaţa ta de zi cu zi.

*1.*____________________________________
Consecinţa: _____________________________
*2.*____________________________________
Consecinţa:
*3.*____________________________________
Consecinţa: _____________________________

Enumeră în continuare toate deciziile mari de care eşti conştient şi influenţa pe care au avut-o asupra vieţii tale.

Mai departe, consemnează deciziile cruciale pe care le impune viaţa ta în acest moment şi efectele benefice pe care le vor produce, ca să te motivezi astfel să faci pasul înainte:

*1.*____________________________________
Consecinţa: _____________________________
*2.*____________________________________
Consecinţa: _____________________________
*3.*____________________________________
Consecinţa: _____________________________

Continuă lista până când se conturează schimbările prioritare.

Chiar dacă nu vei ajunge la numărul zece cu deciziile cruciale din trecut şi cele pe care le vei lua acum, nu-ţi face griji. Iniţiativa pe care o iei astăzi va conduce pe termen mediu spre alte mari schimbări care-ţi vor revoluţiona existenţa.

....

GARA NR. 25 **NIGHTSHIFT**
Activează schimbul de noapte

În fiecare noapte călătorim spre destinații nebănuite. Când închidem ochii, luăm un tren spre necunoscut care ne rezervă scenarii neprevăzute.

Nu știm cum funcționează lumea noastră onirică, este unul dintre misterele minții umane, dar istoria ne arată că ceea ce se întâmplă când se activează schimbul de noapte este relevant. Ba uneori chiar decisiv pentru prezentul și viitorul nostru.

Vise lucide

O temă care a suscitat controverse de-a lungul deceniilor în rândul specialiștilor din psihologie, fiziologie și neurologie sunt visele lucide. Nu este de mirare, căci ele ne permit, în lumea onirică aproape mereu incontrolabilă, să fim conștienți că visăm în timp ce dormim.

Cu toate că existența viselor lucide a fost confirmată de multă vreme de o întreagă serie de mărturii, ea n-a putut fi demonstrată științific decât acum câteva decenii.

În timpul unui vis lucid, cel care doarme este conștient că visează, ceea ce îi conferă o neobișnuită libertate de acțiune în spațiile inconștientului său.

Poți să-ți imaginezi posibilitățile pe care ni le oferă faptul că știm că nu vom păți nimic rău și, prin urmare, că putem să ne mișcăm prin vis după bunul nostru plac?

Trezirea în vis

Deşi se consideră că doar douăzeci la sută dintre oameni au vise lucide cu o oarecare periodicitate, există tehnici de a induce şi îmbunătăţi capacitatea cerebrală ce ne permit, printre multe altele, să găsim răspunsuri care pe timp de veghe nu ne sunt accesibile.

A confirmat-o cercetătorul Stephen LaBerge, de la Universitatea Stanford, unul dintre pionierii studiilor asupra viselor lucide, care şi-a dedicat cea mai mare parte a carierei cunoaşterii tainelor lor.

După multe experimente şi teste cu pacienţi, LaBerge s-a convins că aceste vise ne pot mări capacitatea de învăţare şi, ca atare, ne pot favoriza *ikigai*-ul chiar şi când dormim.

În cartea sa, intitulată *Visarea lucidă. Ghid concis pentru a te trezi în vise şi în viaţă*, el explică modul în care una dintre persoanele care participau la cercetare a putut să-şi îmbunătăţească abilităţile de a juca hockey mulţumită viselor lucide, în care a îndrăznit să scape de temeri şi ezitări.

Ulterior, sportiva a decis să aplice şi modului în care patina ceea ce învăţase în vis, iar abilitatea ei în starea de veghe s-a îmbunătăţit vizibil.

Cum să fim onirauţi

Oamenii de ştiinţă au constatat că majoritatea viselor lucide se produc în faza REM, cea de activitate cerebrală şi fizică mai intensă, şi că există doi factori declanşatori principali ai lucidităţii onirice:

1. În vis se produce un fapt neaşteptat sau straniu – de exemplu, locuri şi lucruri care nu sunt exact la fel ca în starea de veghe – care ne permite să ne dăm seama că

dormim. Așa că urmărim episodul, dar suntem conștienți că visăm și putem interacționa cu mintea adormită.

2. Când ne trezim pentru scurt timp din cauza vreunui zgomot extern, reintrăm rapid în visul în care ne aflam, dar de data aceasta suntem conștienți că dormim pentru că în urmă cu doar câteva secunde eram treji.

Când devenim lucizi în vise, posibilitățile sunt aproape nelimitate, căci putem ajunge în ascunzișuri ale minții noastre la care, în lumea haotică și stresantă ce ne înconjoară, nu putem accede în mod conștient.

Visele lucide ne pot ajuta să scăpăm de teamă, să ne exersăm abilitățile, să recuperăm cunoștințele pierdute sau chiar să luăm decizii și să verificăm unde ne pot conduce.

Richard P. Feynman, laureat al Premiului Nobel pentru fizică, afirma că a ajuns la vise lucide după mult exercițiu și efort. Așa cum explica în memorii, secretul era, pentru el, să fie conștient de gândurile pe care le avea și de ideile care-i dădeau târcoale în timp ce se lăsa învins de somn.

„Am observat de asemenea că, atunci când adormi, ideile se continuă, dar legăturile logice între ele sunt tot mai slabe. Nu-ți dai seama că ai pierdut firul logic decât atunci când ajungi să te întrebi «Ce m-a făcut să mă gândesc la asta?» și încerci să refaci drumul gândului, iar cel mai adesea nu-ți mai amintești ce naiba te-a făcut să te gândești la asta! Păstrezi iluzia legăturilor logice, dar gândurile devin tot mai confuze, până se dezintegrează complet și adormi. [...]
Am continuat să mă observ când adorm [...]. Într- o noapte, în timp ce visam, mi-am dat seama că mă supravegheam în vis. Ajunsesem să mă urmăresc până și în somn!"*

RICHARD P. FEYNMAN

---

* Richard P. Feynman, *Vă țineți de glume, domnule Feynman!*, trad. de Victor Bârsan, Humanitas, București, 2018 (ed. a II-a), pp. 46–47.

Atunci când devenea conștient că visa, Feynman putea să hotărască în mod deliberat cum să acționeze în vis. Se spune că această abilitate l-a ajutat să-și consolideze descoperirile științifice.

Când descoperi că gândești în vis, dacă îți dai seama că știi că dormi, nu pierde ocazia de-a profita de acele minute prețioase. Te afli într-unul din acele rare vise lucide care-ți deschid ușa spre cunoașterea ta cea mai profundă.

Și poate că secretul *ikigai*-ului tău se află dincolo de una dintre acele uși.

---

3 MIJLOACE PENTRU ÎNCURAJAREA VISELOR LUCIDE

1. Înainte să te culci, scrie sau citește despre un subiect pe care ți-ar plăcea să-l regăsești în labirintul viselor tale. Dacă ai vreo dilemă sau o problemă pe care nu poți s-o rezolvi, pune-o pe hârtie, astfel ca „schimbul de noapte" să se ocupe de ea.
2. O scurtă meditație, chiar și numai să acorzi atenție respirației preț de câteva minute, te va ajuta să intri în lumea onirică mai conștient.
3. Ține la îndemână un carnețel în care, în fiecare dimineață, când te trezești, să poți nota ultimul tău vis. Consemnarea episoadelor onirice în mod sistematic te va face conștient de ele și, implicit, te va ajuta să le identifici de-a lungul nopții. Citirea din jurnal a ultimelor tale vise înainte de culcare te va ajuta și ea.

GARA NR. 26 **ENSO**
Cercul armoniei interioare

Ca să ne găsim adevărata pasiune și să ne-o dezvoltăm, trebuie să descoperim întâi natura vieții noastre, recomandă filozofia zen. Pentru a reuși acest lucru se utilizează tehnici orientate spre dezvăluirea a ceea ce se ascunde în interiorul nostru prin *shodo* (caligrafie), haiku (poezie), *koan* (ghicitori) sau meditație.

Desenarea așa-numitului cerc *enso* este una dintre tehnicile zen din *shodo* având scopul de a atrage mintea spre prezent, condiție indispensabilă pentru a putea intra în flux cu *ikigai*-ul nostru.

Tehnica este simplă și în același timp dificil de realizat: se încearcă trasarea manuală, cu pensula, a unui cerc dintr-o singură mișcare, lăsând mintea liberă și deschisă.

Arta repetiției

Artiştii caligrafi japonezi desenează acest simbol al minimalismului japonez dintr-o singură mişcare, indiferent dacă picură cerneală în jur sau dacă este un cerc imperfect.

Nu există cercuri *enso* perfecte. Pot fi complete sau incomplete, dar nici unul nu este la fel. Toate sunt diferite şi unice. Conform *wabi-sabi*-ului japonez, adevărata frumusețe constă în imperfect, efemer sau incomplet, aşa cum este natura.

„Cercul *enso* este o fotografie a minții,
o proiecție directă a conștiinței.
Prin *enso* putem să exprimăm mai mult decât prin cuvinte."
SHO TERAMOTO (una dintre caligrafele
cele mai renumite din Japonia)

Important în această experiență nu este să creăm cercuri mai reușite sau mai nereușite. Cheia constă în repetarea procesului.

Este ceva obişnuit şi în artele marțiale: repetarea mişcărilor simple este cheia pentru a integra în corp şi în minte natura practicii pe care vrem s-o învățăm. Înainte de optsprezece ani, japonezii trebuie să învețe aproape două mii de caractere *kanji* diferite, iar singura modalitate de a le învăța este prin repetare.

Nouă, occidentalilor, ni se poate părea plictisitor sau banal să repetăm de sute de ori aceleași mişcări ca să învățăm să scriem un singur caracter, sau să petrecem o zi întreagă desenând cercuri *enso*, dar această repetare ne inițiază inima în arta răbdării, fundamentală în susținerea *ikigai*-ului nostru.

Se spune că în cercul *enso* se poate ghici felul de-a fi al celui care l-a desenat. Este o reflectare a personalității celui care-l desenează, o oglindă a *mu*-ului nostru, a spațiului gol sau vidului.

Se pare că noua clădire Apple, care are chiar formă de cerc, a fost una dintre ultimele idei ale lui Steve Jobs și a fost inspirată de *enso* și de anii lui de practică zen.

Furt din casa unui caligraf

Înainte de a sintetiza esența lui *enso* în exercițiul final, vă vom povesti istoria lui Ryokan Taigu (1758–1831), un călugăr zen admirat de Steve Jobs.

Taigu a dus o viață de ascet, dedicându-se poeziei și caligrafiei. Este considerat unul dintre cei mai buni caligrafi japonezi din istorie, iar cercurile lui *enso* sunt expuse astăzi în muzee din Kyoto.

Legenda spune că într-o noapte călugărul a descoperit un hoț care intrase în casă. Dar tâlharul, după ce a scotocit în toată casa, nu a găsit nimic de valoare.

Ryokan Taigu i-a spus hoțului: „N-ar trebui să pleci fără să iei nimic, ia hainele mele în dar."

Hoțul a acceptat hainele și a plecat. Atunci, călugărul, dezbrăcat, s-a așezat și, privind în noapte pe fereastră, și-a spus: „Săracul hoț, mi-aș fi dorit să-i dăruiesc această lună frumoasă!"

La sfârșitul serii, Ryokan Taigu a scos pensula și cerneala japoneză *sumi-e* și a scris acest haiku:

盗人に取り残されし窓の月
ぬすっとに　とりのこされし　まどのつき

Tâlharul a uitat ce era mai important:
luna
la fereastra mea.

CUM SE TRASEAZĂ UN CERC ENSO

NOTĂ PRELIMINARĂ: sub nici o formă nu te gândi dacă linia trasată de pensulă este bună sau nu. Pur şi simplu lasă mâna să se mişte şi să deseneze cercul. Este important să-ţi menţii mintea golită de gânduri raţionale pentru ca trupul, braţul şi mâna să aibă libertate de creaţie.

1. Cumpără o pensulă şi cerneală neagră. Dacă nu, foloseşte pur şi simplu un marker gros. Procură-ţi şi o hârtie albă de calitate.
2. Înainte de a te apuca de trasare, respiră o dată profund, inspirând cât aer poţi şi expirând în acelaşi mod.
3. Desenează cercul dintr-o singură mişcare. Mâna nu trebuie să atingă hârtia, căci mişcarea trebuie să fie executată de tot braţul. *Shodokas* (caligrafii profesionişti japonezi) îşi folosesc întregul corp ca să deseneze un cerc *enso*. De aceea îl desenează în genunchi sau chiar în picioare.
4. Când îl vezi desenat pe hârtie, nu-l evalua. Cercul poate să fie deschis sau închis, simetric sau asimetric..., nu contează cum este!
5. Treci la trasarea următorului cerc.

NOTĂ FINALĂ: desenarea cercului *enso* este o practică pe care putem s-o adăugăm ca preambul la alt obicei de purificare a minţii noastre de griji. De exemplu, putem s-o facem înainte să scriem în jurnal, ca să ne facilităm exprimarea emoţiilor în mod liber şi să fim astfel în măsură să le comunicăm în scris.

GARA NR. 27 **KOAN**
Puterea gândirii laterale

Cultura japoneză iubește drumurile sinuoase, cum este curba cercului *enso*. Chiar și în învățăturile de natură spirituală, în locul memorării unor instrucțiuni, maestrul preferă să folosească instrumente mai misterioase, astfel ca discipolul să evolueze singur.

În zen, unul dintre aceste instrumente este *koan*, o întrebare al cărei scop e să tulbure mintea elevului pentru a-i activa gândirea laterală, distrugând tiparele gândirii logice.

Aceste enigme filozofice ne servesc ca să pătrundem în subconștient prin întrebări paradoxale, ce ne pun în mișcare mintea până la *satori*, iluminarea bruscă. Dat fiind că gândirea rațională nu ne va oferi soluții, răspunsul – uneori la fel de derutant ca și întrebarea – apare de obicei spontan în mintea elevului.

Așa-numitele *mondo*, precum cel de mai jos, ilustrează aceste dialoguri particulare dintre maestru și discipol:

Un călugăr l-a întrebat pe maestrul său:
— Care este drumul?
— Cât de frumos e muntele acesta! a răspuns maestrul.
— Nu te întreb despre munte, te întreb despre drum, a replicat călugărul.
— Până când nu treci de munte, nu vei găsi drumul, a răspuns maestrul.

Un efort de introspecție

Conversaţia dintre călugăr şi maestru se poate interpreta în multiple moduri şi avem impulsul de a da o replică ca să continuăm conversaţia cu maestrul.

În mănăstirile zen, maestrul îi oferă discipolului un singur *koan* la care să se gândească intens câteva zile, ca temă de meditaţie. Există călugări care petrec ani întregi ocupându-se de un singur *koan*.

Este mai mult decât o modalitate de studiu, reprezintă un efort de introspecţie. Când gândirea laterală, intuiţia, se activează la elev, acesta vede lumina şi solicită o sesiune de *dokusan* (consultaţie cu maestrul). Dacă la finalul discuţiei maestrul consideră că discipolul este pregătit, acestuia i se dă un nou *koan*. În caz contrar, va trebui să reflecteze în continuare la acelaşi.

Potrivit filozofiei zen, gândirea logică ne îndepărtează de esenţa universului.

GÂNDIREA LATERALĂ *VS* GÂNDIREA VERTICALĂ

„Toată lumea s-a confruntat cu o problemă tipică, anume ceva aparent imposibil de rezolvat până la un moment dat, când, dintr-odată, se ivește o soluție surprinzător de simplă. După ce ți-a venit în minte, soluția pare atât de evidentă, încât nici nu înțelegi de ce fusese atât de greu de găsit. Firește, acest tip de problemă cu greu se poate rezolva dacă se apelează la gândirea verticală.

Gândirea laterală nu se concentrează doar pe rezolvarea problemei; ea are în vedere și alternative de a vedea lucrurile și orice fel de idei noi."

EDWARD DE BONO, *GÂNDIREA LATERALĂ**

---

* V. şi ed. în lb. rom.: Edward De Bono, *Gândirea laterală*, trad. de Sabina Dorneanu, Curtea Veche, Bucureşti, 2011.

Un răspuns valabil la un *koan* poate fi o palmă dată profesorului, o mișcare cu mâna de imitare a unei ramuri legănate de vânt ori ruperea hârtiei pe care e scris *koan*-ul și aruncarea ei pe jos.

Nu există răspuns corect sau greșit; cu cât răspunsul este mai creativ și mai puțin rațional, cu atât se va face mai ușor lumină în mintea discipolului.

Câteva *koan* pentru inițiere

Ca exercițiu, următoarea listă de întrebări reprezintă o bună modalitate de explorare a capacității de gândire laterală:

- *Ce sunet se produce când aplauzi cu o singură mână?*
- *De ce câinele tău latră toată noaptea?*
- *Dacă te întâlnești cu Buddha, omoară-l!*
- *De ce pasărea nu zboară?*
- *Cum arată chipurile noastre înainte să fim concepuți?*
- *În deșert apa prisosește. Ce este apa?*
- *Cum poți să salvezi un unicorn?*

PRACTICA *KOAN*-ULUI

Tehnica fundamentală pentru analiza și studiul acestei metode ar fi următoarea:

1. Alege una dintre ghicitorile de pe lista precedentă.
2. Selectează elementele menționate în *koan*.
3. Analizează acțiunea pe care o sugerează.
4. Lasă ca elementele și acțiunea din *koan* să plutească liber în subconștient până când un „răspuns intuitiv" iese la

suprafață. Nu te grăbi să cauți un răspuns. *Koan*-ul este ca o sămânță pe care o plantăm în interiorul nostru. Are nevoie de timp ca să înflorească.

Lasă *koan*-ul să sălășluiască în subconștient cât este necesar. În momentele stresante de peste zi, poți să folosești *koan*-ul ca obiect de meditație pentru a-ți atrage mintea spre prezent, lăsându-l să acționeze ca un medicament împotriva stresului.

După ce ai exersat deja cu șase koan-uri, poți să le elaborezi pe ale tale: înaintea unei sesiuni de brainstorming la serviciu, dacă lucrați în grup, sau într-un cerc de prieteni, doar de dragul plăcerii de a activa gândirea laterală.

GARA NR. 28 **MINDFULNESS**
Cultivarea atenției totale

Alături de exersarea gândirii laterale, *mindfulness* este o tehnică foarte utilă în cultivarea *ikigai*-ului, căci ne permite să intrăm în flux și să aprofundăm ceea ce facem.

Cu toate că acest concept a ajuns recent în Occident, el este o abilitate care se practică în Orient de peste două mii de ani în diferite școli de meditație.

Mindfulness sau atenția totală e o stare de alertă orientată spre momentul prezent, în care, calmi și fără prejudecăți, suntem conștienți de sentimentele, senzațiile, gândurile și mișcările corpului. Cu alte cuvinte, e o stare în care suntem pe deplin conștienți de moment, capabili să trăim în locul și în clipa actuală.

Oricât de straniu ar părea, nu este o situație în care să ne aflăm adeseori. Graba, ocupațiile și zgomotul ce ne înconjoară ne determină frecvent să ne detașăm de prezent, ca să ne putem concentra asupra gândurilor noastre.

„Dacă alergăm mereu pe pilot automat, vom fi
foarte puțin conștienți de lucrurile cele mai importante
pentru noi. De exemplu, mulți oameni aflați la cincizeci
sau șaizeci de ani sunt triști pentru că nu le-au acordat
suficientă atenție copiilor lor atunci când erau mici.
Erau prea ocupați cu munca.
Ori s-au purtat cu ei așa cum părinții îi trataseră
la rândul lor, uitând cât de dureros fusese."
SHARON SALZBERG

Gimnastica prezentului

Concentrarea pe momentul prezent este cel mai bun medicament pentru ca în viitor să fim scutiți de mustrări de conștiință legate de trecut. Și putem să reușim acest lucru exersând atenția totală.

Dacă ți-ai descoperit *ikigai*-ul, pune-ți cele cinci simțuri în slujba lui ca și cum viața ta ar depinde de asta. Lasă deoparte orice altceva și fă din acea pasiune universul tău, pierzând noțiunea timpului când o trăiești.

Dacă nu l-ai descoperit încă, concentrează-ți atenția în căutarea lui. Dar fă-o cu spirit ludic, cu bucurie.

Cum spunea Maica Tereza: „Fii fericit pe moment, este de ajuns. Fiecare clipă e tot ce ne trebuie, nimic altceva."

Dacă devenim conștienți de faptul că fiecare clipă e unică, nu vom avea nevoie să mai căutăm fericirea.

Maestrul Osho ne asigura că cea mai bună gimnastică pentru a te concentra asupra prezentului este să te lași cuprins de o stare mentală fără scopuri, renunțând să aștepți vreun rezultat.

4 EXERCIȚII PENTRU DOBÂNDIREA STĂRII DE MINDFULNESS

1. *Statuia umană.* Așază-te sau rămâi în picioare, cât mai liniștit, și fii conștient de fiecare parte a corpului. Când te afli într-o postură complet statică, trebuie să acorzi atenție fiecărui mușchi al corpului.
2. *Cinci simțuri, cinci senzații.* Astfel vei exersa capacitatea de a percepe în mod conștient ceea ce te înconjoară. Gândește-te la cinci senzații pe care le percepi, aici și acum, cu fiecare dintre cele cinci simțuri.
3. *Alergare ușoară.* Prin acest exercițiu se încearcă executarea acțiunilor cât se poate de lent. De exemplu, la ora

mesei, acordă-ți timp suficient ca să mesteci bine, să savurezi gustul mâncării și să te bucuri vizual și olfactiv, pe lângă senzația de sațietate pe care o dau alimentele.

4. *Strigă-te ca să revii.* Acest exercițiu este menit să-ți trezească atenția asupra gândurilor. De fiecare dată când îți dai seama că te cuprind gânduri negative, că te preocupă ceva sau îți este distrasă atenția de la ceea ce faci, strigă-te pe nume. În acest fel vei reveni în prezent și-ți vei da seama că erai în altă parte.

GARA NR. 29 **COINCIDENȚA FERICITĂ SAU „SERENDIPITATEA"**

Când accidentele sunt favorabile

Te-ai gândit vreodată că unele dintre cele mai bune lucruri în viață, inclusiv descoperirile care ne marchează viața, se produc din întâmplare? În acest capitol vom vorbi despre coincidențele fericite.

Serendipity este un cuvânt englezesc folosit pentru prima dată în secolul al XVII-lea de scriitorul britanic Horace Walpole într-o scrisoare adresată unui prieten. Îi explica acolo cum protagoniștii poveștii persane *Cei trei prinți din Serendip* călătoreau și făceau mereu descoperiri din întâmplare.

Însă cei trei prinți nu-și așteptau destinul în interiorul unui castel, înconjurați de bogăție, cu speranța că li se vor întâmpla lucruri bune. Erau curajoși și perspicace, nu se lăsau învinși niciodată și-și căutau norocul chiar și când lucrurile nu mergeau bine.

„Caută ceva, găsește altceva și observă că
ceea ce ai găsit îți este mai util
decât ce credeai că urmărești."
LAWRENCE BLOCK

Coincidența fericită nu este magie

În lumea științei este bine cunoscut faptul că multe descoperiri mari s-au făcut din întâmplare. Cea mai celebră dintre ele este probabil descoperirea penicilinei.

Fleming a plecat în vacanță lăsând în laborator o cutie Petri cu o tulpină de bacterii înăuntru. Când s-a întors, și-a dat seama că ceva din cutie ucisese bacteriile. În loc să ignore fenomenul, a început să analizeze ce se întâmplase.

De fapt, companiile farmaceutice actuale și-au dat seama că planificarea nu generează întotdeauna cele mai bune rezultate, astfel că includ în protocoalele de cercetare mai multe evenimente neașteptate și aleatorii care să crească probabilitatea producerii unei întâmplări fericite.

Serendipitatea nu e magie. Ce s-ar fi întâmplat dacă Fleming n-ar fi făcut decât să arunce cutia? Sau dacă ar fi fost atât de ordonat, încât în laborator să fi domnit o curățenie deplină și să nu fi existat nici o șansă ca cineva să uite pe masă o cutie Petri plină cu bacterii?

Serendipitatea ne cere, ca actori cu un rol activ în viețile noastre, să acordăm atenție maximă lucrurilor care se întâmplă în jur și mai ales evenimentelor ieșite din comun: omisiuni aparente, erori, oportunități ce par irelevante... poate că de fapt nu sunt irelevante!

O VIZITĂ FOARTE PRODUCTIVĂ

Steve Jobs nu a descoperit el însuși interfețele grafice pentru computerul individual caracteristice Macintosh, dar curiozitatea și atitudinea sa activă i-au permis să dobândească ideile și cunoștințele necesare. Fără îndoială, a fost util și faptul că s-a aflat în locul potrivit la momentul potrivit. Mai mulți colegi de-ai săi au insistat ca el să viziteze laboratoarele Xerox PARC. Nu le-a fost ușor să-l convingă, pentru că Steve nu era deloc interesat de ceea ce se întâmpla acolo, dar în final au reușit. Progresele tehnologice văzute în acea vizită au generat scânteia care a făcut conexiunea logică între ideile pe care le avea deja, schimbând pentru totdeauna istoria informaticii.

Deschide-te spre lucruri neașteptate

Te-a invitat cineva să mergi într-o călătorie și ai spus nu? Ți-a propus un client să-i vizitezi laboratorul de cercetare, iar tu ai refuzat pentru că ești prea ocupat? Ai fost invitat la un eveniment sau la o petrecere vineri și n-ai nici un chef să mergi?

Poate că ar trebui să spui *da* mai des, căci nu știi niciodată unde poți găsi inspirația care îți amplifică *ikigai*-ul.

Serendipitatea contribuie la descoperirea unor lucruri despre care nu știam că le cunoaștem. Oamenii au tendința de a fugi de necunoscut; ne simțim mai în siguranță în preajma lucrurilor de rutină. Dar, *dacă nu vom ieși din zona noastră de confort, nu vom descoperi niciodată acele lucruri despre care nici măcar nu știam că le cunoaștem.*

Secretul stă în crearea condițiilor favorabile pentru creșterea probabilității de a se produce lucruri neașteptate. Cel mai bun mod de a crea serendipitate este să trimitem oamenilor semnale prin care să le spunem: „Hei, sunt aici, acesta sunt eu și asta e ce-mi place și ceea ce fac!"

Dacă stai acasă și te uiți la televizor toată ziua, nimeni nu va veni la tine, nu se va petrece nimic. Dacă ieși să bei o cafea și nu anunți pe nimeni, mai mult ca sigur vei ajunge să citești singur ziarul și nu ți se va întâmpla nimic.

Favorizarea serendipității se bazează pe dinamism. Trebuie să te deplasezi și să fii activ ca să provoci situații în care numărul de lucruri incontrolabile sau neplanificate să fie suficient de mare astfel încât să se producă un accident fericit.

3 CĂI SPRE SERENDIPITATE

Putem împărți tehnicile de favorizare a serendipității în trei mari categorii:

1. *Trimitem semnale către oameni*: anunțăm că existăm și exprimăm ceea ce gândim și ceea ce facem.
2. *Includem factorul aleatoriu în viața noastră.*
3. *Ieșim în lume*, dat fiind că cel mai important lucru este să fim în locul potrivit la momentul potrivit.

Idei pentru a transmite altor persoane semnale ce te vor ajuta să creezi serendipitate:

- *Postează pe rețelele sociale.* Mai puțin de 1% dintre utilizatori creează conținuturi pe internet. Dacă postezi, te afli deja deasupra celor 99%. Scrie ce gândești, comentează ultimul film pe care l-ai văzut sau publică fotografii ale unor locuri interesante.
- *Scrie-i un e-mail autorului unei cărți care ți-a plăcut sau trimite-i un mesaj printr-o rețea socială regizorului celui mai recent film pe care l-ai văzut.* Chiar dacă nu-ți va răspunde, în mod sigur se va bucura și va fi recunoscător! Dar dacă totuși îți răspunde...?
- *Confecționează-ți o carte de vizită* – în Japonia este de neconceput să nu ai una – și dă-le-o tuturor celor care și-ar putea aduce contribuția la *ikigai*-ul tău. Dacă cineva îți oferă o carte de vizită, scrie-i un e-mail a doua zi.
- *Oferă-ți ajutorul cuiva căruia nu i l-ai oferi în mod normal.*
- *Cere ajutor ca să faci un lucru pentru care în mod normal nu ai nevoie de sprijin.*

Idei ca să incluzi factorul aleatoriu în viața ta, mărind astfel probabilitatea de a se produce întâmplări fericite:

- *Organizează o cină la care să inviți prieteni/prietene care nu se cunosc între ei/ele.*

- *Stabilește o întâlnire la o cafea cu cineva pe care nu-l cunoști suficient, dar care simți că ți-ar putea deveni prieten bun.*
- *Fă cunoștință unor persoane care nu se cunosc între ele, dacă ai impresia că ar putea fi compatibile.*
- *Organizează o petrecere cu tematică neașteptată.*
- Dacă ai o funcție de conducere într-o firmă și vrei să încurajezi serendipitatea, *amenajează locul astfel ca angajații să interacționeze mai mult.* Creează o zonă de cafenea în care angajații să se simtă confortabil și să vrea să stea mai mult de vorbă, făcând schimb de idei. Apple și-a construit noua clădire centrală în formă de cerc, așa cum am menționat în capitolul despre *enso*, ca să-i determine pe angajați să se deplaseze prin toate departamentele. Înainte să moară, Steve Jobs le-a solicitat arhitecților să proiecteze cât mai bine clădirea astfel ca să favorizeze „întâlnirile întâmplătoare" dintre angajați.
- *Urmărește persoanele sau mijloacele de comunicare de pe rețelele sociale ori frecventează site-uri care vorbesc despre lucruri ce nu te atrag în mod normal.* Subiectele aparent fără legătură cresc probabilitatea de a se crea conexiuni creatoare în mintea noastră.
- *Citește o carte de un gen sau cu o tematică pe care nu le-ai aborda în mod normal.*
- *Studiază un domeniu nou.* Accesează și alte cunoștințe, deprinde noi abilități, învață limbi străine, practică sporturi diverse. Acest lucru va favoriza oportunitățile atunci când te vei afla în locul și la momentul potrivite.
- *Fă ceva ce n-ai făcut niciodată.*

Idei ca *să ieși în lume* și să crești probabilitatea de a te afla în locul și la momentul perfecte:

- *Călătorește mai des*. Cu atât mai bine dacă o faci cu prietenii sau în locuri în care locuiesc prieteni care te-ar putea introduce în universul local.
- Pe trasee scurte, *înlocuiește mașina sau transportul public cu mersul pe jos*, uitându-te cu atenție în jurul tău.
- *Ia-o pe un drum diferit când te duci la serviciu.*
- *Mergi la un restaurant la care n-ai fost niciodată.*

GARA NR. 30 **RAK**
Random Acts of Kindness

Random Acts of Kindness, care se poate traduce prin „acte aleatorii de amabilitate", este un termen introdus de scriitoarea Anne Herbert la începutul anilor optzeci pentru a desemna acțiuni care ajută la ridicarea moralului altor persoane.

Un *RAK* poate fi ceva simplu, cum ar fi să faci pe cineva să zâmbească, să spui un compliment cuiva căruia în mod normal nu i-ai zice nimic; ori poate fi ceva mai dificil, cum ar fi să te oferi voluntar să ajuți într-o comunitate.

De fapt, cartea scrisă de Anne Herbert a fost intitulată *Random acts of kindness and senseless acts of beauty* (*Acte aleatorii de amabilitate și acte de frumusețe lipsite de sens*) și a fost ilustrată de japoneza Mayumi Oda.

Partea bună în tot răul

Ilustrațiile cărții realizate de Mayumi, considerată o „Matisse a Japoniei", arată cum animalele mor sub ploaia neagră de după căderea bombei de la Hiroshima. Însă, treptat, pisicile, șerpii, iepurii, broaștele și puii de cerb se organizează, fiecare preia câte o mică sarcină altruistă ca să vină în ajutorul celorlalți.

Unul plantează un copac, altul cultivă cartofi, altele caută hrană... Veverițele pur și simplu cântă și dansează noaptea, încurajându-i pe ceilalți să înceapă o nouă viață după dezastrul nuclear.

Morala cărții este că violența și ura nu se combat cu aceleași arme, ci cu acte aleatorii de frumusețe sau bunătate care izbutesc opusul războiului: să amplifice exponențial dragostea dintre oameni.

> „Ceea ce dai ție îți dai.
> Ceea ce nu dai iei de la tine."
> ALEJANDRO JODOROWSKY

Măreția lucrurilor mici

Numeroase cercetări bazate pe sondaje au demonstrat că oamenii amabili sunt mai fericiți. Există o corelație directă între nivelul nostru de altruism și satisfacția personală.

Japonia, din nefericire, este o țară relativ obișnuită cu catastrofele naturale, ceea ce-i face pe locuitori să-și amintească de necesitatea întrajutorării, chiar și cu un fir de nisip.

În aprilie 2016, un cutremur a devastat mai multe sate din Kumamoto, răpind multe vieți omenești. Prietenul nostru Kiyota, un inginer legendar aici, la Tokyo, a decis să-și lase serviciul cincisprezece zile, s-a urcat în tren și s-a dus la Kumamoto. Acolo a înființat un chioșc unde oferea gratis cafea caldă tuturor celor rămași fără casă.

Chioșcul lui de cafea a devenit atât de popular pe rețelele sociale, încât s-a creat o pagină web pentru strângerea de fonduri destinate ajutorării victimelor și s-au colectat mai multe zeci de mii de euro în doar câteva zile.

Totul a început cu ceva simplu: dăruind o cafea.

Uneori ne complicăm viața gândindu-ne cum putem să reparăm lucrurile în lume, când soluția e simplă: să ajutăm din inimă, cu amabilitate, iar din acel punct lucrurile curg de la sine.

Dacă încă nu ți-ai găsit *ikigai*-ul, poți să faci din munca pentru comunitate misiunea ta.

Dacă ți l-ai găsit, gândește-te în ce mod poți contribui prin pasiunea ta la crearea unei lumi mai bune.

IDEI DE ACTE ALEATORII DE AMABILITATE

Posibilitățile sunt aproape infinite, tot atâtea câte necesități au oamenii, iar aceste *RAK* îți vor servi ca punct de plecare pentru adăugarea unei dimensiuni spirituale în viața ta:

- Zâmbește-i persoanei care te servește la cafenea.
- Scrie-i un bilet unui coleg de serviciu în care să-i mulțumești pentru o favoare pe care ți-a făcut-o – și lasă-i biletul pe birou.
- Spune-i cuiva cât de bine îi stă cu noua tunsoare sau laudă-i un obiect de îmbrăcăminte.
- Trimite-i un mesaj afectuos unui prieten apropiat; tocmai pentru că sunteți apropiați, uneori uitați să vă spuneți reciproc cât țineți unul la altul.
- Dă-i niște bănuți unui muzician care cântă pe stradă.
- Cumpără-i un ceai sau o cafea portarului din clădirea în care lucrezi ori celor care se ocupă de curățenia biroului.
- În loc să-ți dai întâlnire cu persoana cea mai populară din cercul de prieteni, bea o cafea cu cel mai timid și mai solitar. El e cel care are cea mai mare nevoie.
- Iartă o persoană pe care te-ai supărat.
- Donează bani unei asociații în care ai încredere.
- Cumpără o carte care ți-a plăcut și dăruiește-i-o unui prieten.
- Spune-i șefului tău că-ți place felul în care lucrează. Șefii nu primesc complimente de obicei, ci doar critici.
- Ia-ți o zi liberă și du-te cu o cunoștință sau un prieten demoralizat într-o excursie minunată.

GARA NR. 31 **CONTACTUL FIZIC**
Importanța atingerilor

De când n-ai mai îmbrățișat cu adevărat pe cineva? Te-ai gândit că atât corpul, cât și mintea ta au nevoie de acest tip de hrană ca să aibă energie și să-și atingă scopurile?

Pentru majoritatea triburilor care duc încă un trai natural și legat de pământ, simțul tactil este la fel de important ca vederea și auzul. *Contactul fizic cu alți oameni e o sursă de iubire indispensabilă pentru hrănirea spiritului.*

Totuși, în Occident, lumea este din ce în ce mai reticentă la atingeri. De fapt, când ne gândim la atingerea altei persoane, nu sunt puțini cei care conferă tente sexuale acestui gest.

Probabil din acest motiv am învățat să ne retragem mâna și să păstrăm distanța față de persoanele din jur.

„Foamea de contact fizic nu este suferința unui număr mic de oameni, ea se extinde la nivel global. Raritatea și maniera nepotrivită a atingerii, ca mod, loc și persoană, constituie un subiect care ne afectează pe toți.
Indiferent dacă știi sau nu că ai nevoie de o atingere, dacă ești singur și n-ai avut relații intime în ultimii cinci sau cincisprezece ani și singurul mod de atingere pe care-l cunoști este sexul, sau dacă ești înconjurat de familie și copii care vor să te iubească și să te atingă, dar tu nu știi cum să accepți asta, ești afectat de contactul fizic sau de lipsa contactului fizic."
MARIANA CAPLAN, *ATINGEREA ÎNSEAMNĂ VIAȚĂ*

Un sens esențial

Cercetătoarea Mariana Caplan, doctor în filozofie, psihologie și antropologie, a dovedit, bazându-se pe date științifice, cât e de important să fii atins și să atingi, la rândul tău, alte persoane.

Contactul fizic este ceva ce învățăm să îndrăgim, să evităm și să respectăm de mici. Dacă în copilărie am fost obligați să suportăm atingeri nedorite, cum ar fi ciupiturile pe obraji sau săruturile obligatorii date rudelor, este posibil să devenim refractari la contactul fizic sau, fără să ne dăm seama, să-i forțăm pe copiii noștri să ne repete experiența.

La fel se întâmplă la extrema cealaltă: dacă în copilărie n-am fost tratați cu prea multă tandrețe, probabil vom socoti contactul fizic cu alte persoane ceva incomod, care ne face să ne simțim nesiguri.

COPIII DIN ROMÂNIA

În legătură cu beneficiile manifestărilor de afecțiune, Boris Cyrulnik citează exemplul unui grup de copii abandonați în orfelinatele din România de regimul Ceaușescu, copii pe care i-a tratat: „Acești copii fuseseră abandonați din cauza unei mentalități politice nebunești: femeile erau obligate să aducă pe lume copii, dar nu aveau posibilitatea să-i crească. Orfelinatele erau suprapopulate și nimeni nu se ocupa de acei copii. Erau copii sănătoși, dar pentru că mediul era nesănătos și nu le oferea ocazia de a avea relații cu alți oameni, dezvoltarea lor fizică și psihică fusese încetinită. Se comportau asemenea unor autiști, iar când au fost studiați am observat semne de atrofie cerebrală. [...] Pentru început, am hotărât să înlocuim orfelinatul cu plasamentul familial. După un an, atrofia cerebrală dispăruse. Se produsese așa-numita reziliență neuronală. Concluzia este că acțiuni precum conversațiile, atingerile, hrănirea, provocările sau recompensele stimulează creierul și secreția hormonală."

Să reînvățăm atingerile

Pentru sănătatea noastră emoțională este vital să ne simțim conectați cu ceilalți. De aceea e important să învățăm să ne apropiem de alte persoane într-o manieră prietenească, sănătoasă și lipsită de temeri. Asta nu înseamnă să dăm îmbrățișări gratuite (*free hugs*) pe stradă, cum se obișnuia acum câțiva ani, ci să ne arătăm afecțiunea față de persoanele care sunt importante pentru noi.

Oamenii care percep contactul fizic ca pe ceva firesc sunt mai calmi și au o stimă de sine mai înaltă. Așa cum afirmă Caplan: „Când oamenii se simt iubiți, în urma abundenței de atingeri și afecțiune din viața lor, ei au tendința naturală spre contactul fizic cu alții, fie că este vorba de o palmă ușoară pe umăr sau o atingere pe mână. Siguri pe sine, sunt deschiși la răspunsul celorlalți, dar nu-l așteaptă. Senzația de siguranță și stabilitate internă nu depinde de modul de reacție al celorlalți. Ating ca să se exprime și ca să le comunice celorlalți că le sunt dragi."

Printre scopurile noastre merită să includem reînvățarea gestului de a ne atinge prietenii și persoanele dragi. Dacă nu ne simțim confortabil, putem să începem cu o strângere de mână, cu o palmă ușoară pe umăr sau punând mâna pe brațul unei persoane dragi.

Curând vom constata că nu numai noi ne simțim mai bine: pe chipul celui care primește aceste gesturi se poate citi recunoștința.

INTEGREAZĂ CONTACTUL FIZIC ÎN VIAȚA TA

Simțul tactil, unul dintre cele mai neglijate, poate redobândi un rol principal în viața noastră dacă luăm o serie de măsuri simple:

1. Obișnuiește-te să saluți și să-ți iei rămas-bun întotdeauna de la partenerul tău și/sau familia ta cu o îmbrățișare și un sărut, oricât de tare te-ai grăbi.
2. Când ești cu partenerul tău/partenera ta, ține-l/ține-o de mână, astfel ca trupurile voastre să înțeleagă și ele că sunteți uniți.
3. Adoptă ritualul salutului însoțit de o îmbrățișare cu prietenii pe care nu i-ai văzut de mult.
4. Adresează-te cu tandrețe, apreciere și recunoștință persoanelor care-ți sunt aproape. Și cuvintele frumoase sunt o mângâiere.

GARA NR. 32 **INCERTITUDINEA**
Cel mai bun plan este să nu ai planuri

Imaginează-ți că te urci într-un tren care nu știi unde te duce. Închide ochii și transpune-te în această situație. Ce sentimente ai? Este posibil ca în prima clipă să fii neliniștit din cauza incertitudinii, dar, în mod sigur, curând acest sentiment e înlocuit de entuziasmul firesc în fața unei noi aventuri.

Noi, oamenii, trăim întotdeauna conflictul interior al sfâșierii între dorința de libertate și cea de control. Dacă incertitudinea este mare, ne stresăm. Pe de altă parte, controlul excesiv ne face să ne simțim oprimați și să ne dorim fuga de rutină.

Pentru împlinirea noastră, este esențial să găsim un echilibru între control și incertitudine astfel încât să ne simțim confortabil.

BUNUL CĂLĂTOR

— Mi se pare amuzant că toate ghidurile turistice în japoneză se bazează pe sugestii de locuri în care să mănânci, am spus odată, răsfoind un ghid al Hawaii-ului destinat japonezilor.

— Fac mai bine decât ghidurile occidentale, care arată doar clădiri importante și monumente, mi-a replicat Toyoda, un coleg de serviciu.

— Ha, ha, numai la mâncare vă gândiți!

— Dacă-ți concentrezi energia ca să planifici fiecare moment al călătoriei, nu-ți mai rămâne timp să descoperi și să cunoști oamenii locului. E mai bine să călătorești ca să te bucuri de pasiunile tale decât ca să ajungi să fotografiezi toate locurile celebre care apar în ghiduri, de parcă ar fi o listă cu lucruri ce trebuie neapărat bifate, a explicat Toyoda. Pasiunea mea este mâncarea!

— Dar și voi, când mergeți în Europa, faceți fotografii în locuri faimoase de parcă ați colecționa pokemoni, i-am replicat eu.

— Ha, ha, ha, ai dreptate! Cred că sunt un japonez ciudat, căruia îi place aventura, nu să facă planuri. Una dintre maximele pe care le aplic în viață este afirmația lui Lao zi: „Un bun călător nu are planuri fixe și nici nu e interesat să ajungă undeva."

HÉCTOR

„Cu cine" este mai important decât „unde"

Planificarea excesivă ne limitează posibilitățile și în final ne poate transforma orice călătorie – la nivel fizic sau mental – într-o plictiseală.

Excesul de planificare poate ucide pasiunea cea mai arzătoare, în timp ce incertitudinea oferă surprize în fiecare zi. De aceea în căutarea și cultivarea *ikigai*-ului este important să fii călăuzit de spontaneitate.

Dacă-ți propui să faci o escapadă în satul sau orașul tău, în loc să planifici în detaliu ceea ce vei vedea, concentrează-ți eforturile ca să decizi cu cine vei călători. Așa cum se întâmplă în viața de zi cu zi, *oamenii care te însoțesc în călătorii sunt mult mai importanți decât ceea ce vei vedea.*

Tovarășii tăi de călătorie pot amplifica sau împuțina experiența, așa că asigură-te că-i alegi bine. Este esențial să fie oameni care gândesc ca tine în momentul luării deciziilor, când vă aflați pe drum.

Când călătorești cu un plan perfect este ca atunci când vizionezi un film după ce ai citit ce se va întâmpla cu exactitate în fiecare scenă. Dacă vrei să îmbrățișezi aventura și să descoperi lucruri noi, cumpără-ți biletele de avion, rezervă-ți cazarea pentru prima noapte și lasă-te apoi condus de instinct.

IDEI CA SĂ CĂLĂTOREȘTI ÎN STIL IKIGAI

Dacă vrei să ai o călătorie memorabilă și plină de inspirație pentru proiectele tale, nu-ți propune multe. Stabilește-ți câteva obiective, dar care să te motiveze la maximum. Așadar caută cele mai interesante lucruri pe care le poți face în zonă în strânsă legătură cu ceea ce te pasionează.

De exemplu, dacă te pasionează astronomia, cumpără-ți un bilet până în Hawaii și programează-ți o vizită la observatorul Mauna Kea, cu toate că probabil vei avea și opțiuni mai apropiate. Vorbește cu oamenii care lucrează la observator și lasă-i pe ei să-ți ghideze călătoria.

Câteva sfaturi ca să-ți adaptezi călătoria la pasiunea ta, și nu la ceea ce dictează ghidurile turistice:

- Caută pe internet evenimente care au loc acolo unde mergi și care să corespundă vreuneia dintre pasiunile tale: dacă-ți place să dansezi, caută un spectacol de dans; dacă-ți place teatrul, cumpără bilete la o piesă; dacă-ți place fotografia, înscrie-te într-un grup sau la un seminar foto local.
- Plimbă-te la întâmplare, fără destinație precisă, lasă-te condus de ceea ce-ți atrage atenția.
- Oriunde mergi, urmează fluxul mulțimii locale. Dacă mai multe persoane merg într-o anumită direcție, mergi cu ele și în mod sigur vei găsi ceva interesant: o piață locală, un festival, procesiuni religioase…
- Stai la cineva acasă în loc să te cazezi la hotel. Folosește serviciile de pe internet care-ți permit să intri în legătură

cu persoane care pun la dispoziția turiștilor camere sau locuințe.

- Rezervă doar primul bilet de avion și primul loc de cazare. Lasă restul la voia întâmplării.
- Înscrie-te la un curs după-amiaza. Poate fi orice, o sesiune de yoga, de pictură sau chiar un atelier de gastronomie. Vei cunoaște localnici și puțini sunt turiștii care se aventurează să se înscrie la cursuri în locurile în care călătoresc. Îți imaginezi ce tip de oameni vei cunoaște dacă îți vei petrece după-amiaza la un seminar de yoga din Anchorage, în Alaska?
- Nu-ți face griji dacă lucrurile nu ies exact așa cum îți dorești. Bucură-te, va fi o istorioară frumoasă de povestit la întoarcere.

GARA NR. 33 **KAIZEN**
Să te schimbi permanent în bine

Kaizen înseamnă în limba japoneză „a schimba în bine“. Totuși, după ce a fost utilizat în industria japoneză și s-a extins la nivel internațional în domeniul afacerilor după cel de-al Doilea Război Mondial, semnificația sa actuală a devenit „a schimba în bine continuu“ sau „filozofia îmbunătățirii permanente“.

În majoritatea demersurilor de îmbunătățire, efortul continuu de a atinge obiectivul stabilit este mai eficient decât o acțiune de amploare prin care se încearcă rezolvarea dintr-odată a unui aspect.

Toyota: laboratorul *kaizen*

În lumea afacerilor, Toyota a fost unul dintre pionierii utilizării *kaizen* în îmbunătățirea proceselor de fabricație.

Toți angajații acestei corporații participă la *kaizen*, de la portarii fabricilor la membrii consiliului director. Toți își asumă responsabilitatea în momentul luării deciziilor prin care se introduc îmbunătățiri și se elimină ceea ce se numește *muda*, „elemente inutile, timp irosit“.

Desigur, nu se renunță doar la procese superflue. Se iau în considerare și consecințele în plan uman ale eliminării sau schimbării unor factori în mediul profesional.

Deciziile nu se iau ușor, căci în momentul aplicării *kaizen* se ține cont de mulți factori. Unul dintre secretele-cheie ale companiei Toyota este că nu se grăbește să introducă schimbarea și analizează totul în detaliu înainte de a o efectua.

Acest stil de lucru a transformat-o în cea mai mare firmă de automobile din lume care produce mașini cu cel mai mic procentaj de defecte de fabricație.

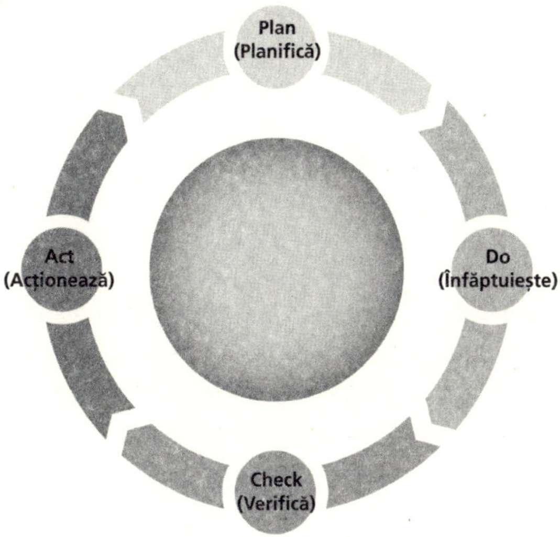

Ciclul PDCA

Când punem în aplicare *kaizen* nu doar în afaceri, ci și în plan personal, putem să utilizăm așa-numitul „ciclu PDCA". În engleză, P înseamnă *Plan* (planifică), D semnifică *Do* (înfăptuiește), C reprezintă *Check* (verifică) și A înseamnă *Act* (acționează).

- Faza P, a planificării, este momentul stabilirii obiectivelor concrete și vizualizării viitorului după îndeplinirea acelor obiective. De asemenea, este importantă descrierea în detaliu a pașilor necesari pentru ca obiectivele să fie atinse în conformitate cu cele planificate. În plan personal, ar fi momentul în care ne așezăm să ne scriem obiectivele de Anul Nou.

- Faza D, a înfăptuirii, este cea în care se execută planul conceput în faza P. În timpul execuției este important să se colecteze date. În plan personal, poate însemna ceva simplu, cum este notarea în calendar a zilelor în care mergem la sala de fitness în fiecare săptămână. Dacă vrem să lucrăm mai minuțios, în ziua de azi putem utiliza orice tip de dispozitiv *Quantified Self*, cum ar fi un *smart watch* care adună date despre viața ta cotidiană: numărul de pași efectuați, kilocaloriile consumate, timpul alocat răspunsurilor la e-mailuri, timpul alocat proiectului A...
- Faza C, a verificării, este destinată analizei datelor colectate în faza D și comparării rezultatelor cu ceea ce se aștepta în faza P de planificare. Este momentul în care se reflectează asupra respectării planului, asupra îndeplinirii obiectivelor și, în cazul neîndeplinirii acestora, se analizează motivele.

Masaaki Imai subliniază în cartea sa intitulată *Kaizen: cheia succesului competitiv al Japoniei* importanța formulării unor întrebări precum:

- Din ce motiv ceva nu a funcționat conform planificării?
- Din ce motiv nu putem face ca acest proces să fie mai eficient?
- Din ce motiv am fost la sala de fitness în primele două săptămâni ale anului și apoi nu am mai mers?

Putem să ne întrebăm în multe moduri. Cheia este să utilizăm „din ce motiv" în întrebare ca să investigăm adevărata cauză, sau ceea ce Masaaki Imai numește „rădăcina problemei". Pentru a putea introduce schimbări, este esențial să aflăm din ce motiv un anumit aspect nu a ieșit în conformitate cu cele planificate.

- Faza A, a acțiunii. Dacă ceea ce am lucrat în faza D a funcționat bine (ceea ce se poate verifica în faza C), atunci în faza de acțiune vom continua așa cum am procedat în faza D. Dacă, dimpotrivă, lucrurile nu au mers bine în faza D, trebuie făcute rectificări.

De exemplu, să ne imaginăm că, în mod normal, cântăm la pian în fiecare dimineață timp de jumătate de oră, dar în faza P, a planificării, hotărâm ca, în loc să cântăm dimineața, să cântăm o oră seara, după cină, obiectivul fiind să repetăm pentru un concert.

Pe parcursul unei luni de fază D (înfăptuire), în loc să cântăm la pian dimineața jumătate de oră am cântat seara timp de o oră. La finalul lunii, analizăm în faza C (verificare) dacă am reușit într-adevăr să lucrăm mai bine seara decât dimineața și ne întrebăm:

- *Chiar am cântat în fiecare zi o oră sau de fapt am ratat de mai multe ori ședința pentru că seara eram obosiți?*
- *Ori poate suntem mai nocturni și în mai multe zile am cântat chiar peste o oră seara pentru că ne simțeam bine și eram concentrați?*

După ce ne răspundem la aceste întrebări, ne întoarcem în faza A (acțiune) ca să cântăm din nou la pian dimineața timp de jumătate de oră (dacă schimbarea nu a fost benefică), sau ne apucăm serios să cântăm la pian seara dacă randamentul s-a dovedit mai bun. Ceea ce facem în faza A începând din acest moment devine noul nostru *baseline* sau *standard* de viață.

MOTIVAȚIE NEGATIVĂ CU *KAIZEN*

1. Enumeră trei schimbări concrete pe care trebuie să le efectuezi în viața ta – pot fi inițiative pe care ți le-ai stabilit la alte capitole –, dar de mai mult timp le tot amâni.
2. În dreptul fiecăreia scrie o frază prin care să explici de ce ai neapărată nevoie să faci acea schimbare. Această frază trebuie să aibă suficientă forță ca să-ți servească drept pârghie când faci pasul.
3. Poți să vizualizezi viitorul în situația în care nu realizezi schimbarea. De exemplu, dacă alegi ca măsură de îmbunătățire „să fac sport de două ori pe săptămână", fraza ta de vizualizare a viitorului ar putea fi: „Dacă nu încep să fac sport, peste zece ani va trebui să merg la doctor frecvent, pentru că voi avea multe afecțiuni." Obiectivul este să produci un șoc în interiorul tău care să activeze schimbarea.

Prima îmbunătățire: ______________________________
Ce se va întâmpla dacă nu schimb acest aspect?

A doua îmbunătățire: ______________________________
Ce se va întâmpla dacă nu schimb acest aspect?

A treia îmbunătățire: ______________________________
Ce se va întâmpla dacă nu schimb acest aspect?

Este important ca după o lună să analizezi dacă ai urmat planul și dacă ți-ai atins obiectivele sau nu. În acest ultim caz, nu trebuie să te simți frustrat, important este să analizezi cauza și să cauți soluții, creând un nou plan de acțiuni concrete, diferite de cele pe care le-ai folosit cu o lună înainte.

Pune-ți întrebările următoare:

- După o lună, din ce motiv nu am reușit ca prima îmbunătățire să devină realitate?
- După o lună, din ce motiv nu am reușit ca a doua îmbunătățire să devină realitate?
- După o lună, din ce motiv nu am reușit ca a treia îmbunătățire să devină realitate?

Dacă lucrurile nu funcționează conform planului nu înseamnă că ai eșuat. Așa cum afirma Einstein, eșecul înseamnă să procedezi mereu la fel și să aștepți rezultate diferite. Dacă faci mereu la fel, nu se va schimba nimic!

Este o capcană în care noi, oamenii, cădem adesea.

GARA NR. 34 **KYUDO**
Arta de a trage cu arcul

Un tren este asemenea unei săgeți care a fost trasă spre o destinație sigură. Nimerește întotdeauna la țintă, asemenea celui care își cunoaște pasiunea și decide să facă tot ce ține de el ca să ajungă acolo.

Arta de a trage cu arcul are, în plan simbolic, multe lucruri în comun cu îndeplinirea pasiunii.

Denumită *kyudo* în limba japoneză, această disciplină se practică din vremuri ancestrale. În trecut, practicarea *kyudo*-ului era considerată indispensabilă atât pentru război, cât și pentru vânătoare, ba chiar și pentru pregătirea corpului și minții pentru viața obișnuită.

Este definită ca o artă de exersare a sufletului, așa cum încă se mai poate constata în multe locuri din Japonia.

Kyudo integrează activitatea corpului, a minții și a spiritului, căci reclamă doze mari de echilibru, răbdare, precizie și stabilitate mentală și fizică. Din acest motiv, cel care practică tirul cu arcul se simte capabil să înfrunte cu calm multe situații din viața de zi cu zi și vede lumea cu o seninătate și o claritate pe care mulți oameni nu le au.

Zen și arcul

Legătura mistică dintre tirul cu arcul și spiritualitate a ajuns să fie cunoscută în Europa mulțumită lui Eugen Herrigel.

Născut în 1885, Herrigel a fost un profesor de filozofie care, atras de cultura orientală și de zen, a acceptat un post la o universitate din Japonia. Când a ajuns acolo, s-a dedicat studiului filozofici zen, învățând, printre altele, să tragă cu arcul.

După numeroase și inspirate discuții cu maestrul său, Awa Kenzo, Herrigel a putut să transpună în scris tot ceea ce învățase.

Nu după mult timp, o editură germană s-a interesat de eseul său, care mai târziu a fost tradus în multe limbi, inclusiv în japoneză. În prezent, *Zen în arta de a trage cu arcul* se tipărește în continuare în întreaga lume și este considerată una dintre lucrările de referință moderne despre cultura japoneză și filozofia zen.

Herrigel ne dezvăluie în lucrarea sa secretele tirului cu arcul și învățăturile zen pe care le-a deprins de la maestru. Cu o simplitate care înlesnește lectura, profesorul german îndrăgostit de Japonia spirituală ne explică în ce mod putem să aplicăm această legătură magică în viața cotidiană, să ne dezvoltăm pasiunea și să ne transformăm în maeștri ai păcii noastre interioare.

Printre altele, Herrigel ne îndeamnă…

- Să fim răbdători și să îngăduim ca lucrurile să se întâmple atunci când trebuie, fără să le forțăm: „Cu cât vă încăpățânați mai mult să vreți să învățați modul de a trimite săgeata, așa ca să nimeriți ținta cu precizie, cu atât vă va reuși mai puțin [...]. Vă împiedică faptul că aveți o voință prea plină de voință.“*
- Să fim consecvenți și să lucrăm zilnic pentru ca ceea ce acum ne este foarte dificil să devină mai târziu un răspuns firesc și natural. Practica *kaizen* face posibil acest lucru.

---

* Eugen Herrigel, *Zen în arta de a trage cu arcul*, trad. de Pia-Maria Luttman, ed. For You, București, 2007, p. 36.

- Să fim modești și să învățăm că trebuie să greșim ca să devenim mai buni.
- Să fim flexibili și să permitem ca mâinile noastre să apuce fără să stranguleze, iar mintea noastră să gândească fără să aibă această intenție.

„Nu veți mai trăi aceeași consonanță ca pe vremuri.
Acum vedeți multe lucruri altfel și le măsurați
cu alte unități de măsură.
Și mie mi s-a întâmplat la fel, și același lucru îi așteaptă
pe toți cei care au fost atinși de spiritul acestei arte."*
EUGEN HERRIGEL,
ZEN ÎN ARTA DE A TRAGE CU ARCUL

O perspectivă nouă

Herrigel atrage atenția că în practicarea aprofundată a oricărei arte trebuie să fim curajoși și să ne pregătim să înfruntăm lumea dintr-o altă perspectivă. Orice învățare și evoluție implică o schimbare care ne va obliga să vedem lumea dintr-un unghi nou.

Așa i s-a întâmplat lui Herrigel când s-a întors în Europa. Căci, așa cum el însuși afirma, tirul cu arcul înseamnă *o provocare și o întrecere de durată a arcașului cu sine însuși și cu spiritul său*, precum și o evoluție interioară care ne va conduce pe calea păcii și a înțelepciunii.

Cu toate că mai târziu Herrigel avea să revină în Germania, iar imaginea sa va fi întunecată de sprijinul pe care l-a acordat naziștilor, învățăturile lui s-au păstrat ca o sursă de cunoaștere indispensabilă asupra artei de a trage cu arcul și de a practica zen.

---

* *Ibid.*, pp. 70–71.

Arcul lui, care i-a permis să se cufunde în spiritul său și în filozofia budistă, se poate încă admira într-un templu din Kamakura, în Japonia pe care o iubea atât de mult.

„ARCAȘUL ȚINTEȘTE SPRE SINE ÎNSUȘI"

Aceasta e concluzia la care a ajuns Herrigel după îndelungata perioadă petrecută cu maestrul său de *kyudo*. Importantă nu este ținta exterioară, ci aceea care se află în interiorul arcașului și care-l conduce la perfecțiunea spirituală.

Când te simți într-o situație de conflict – cu lumea sau cu tine însuți – aruncă-ți ca pe niște săgeți următoarele întrebări:

1. *Ce parte din responsabilitate am eu în această problemă?*
2. *Ce-aș fi putut să fac mai bine ca să evit această situație?*
3. *Ce schimbări mentale trebuie să realizez în viitor pentru ca această problemă să nu se mai repete?*

GARA NR. 35 **TOSHOGU**
Învățătura celor trei maimuțe

Finalul călătoriei noastre este gara Nikko, un sat din nordul orașului Tokyo, care adăpostește una dintre reprezentările cele mai dragi și mai puternice ale artei vizuale japoneze: cele trei maimuțe înțelepte.

Amplasată peste ceea ce a fost la un moment dat un staul, sculptura de lemn se află în legendarul templu Toshogu. Una dintre maimuțe își acoperă urechile, una gura și cealaltă ochii.

Misterioasa origine a acestor animale emblematice s-ar putea afla într-un proverb japonez care spune „Nu privi la rău, nu asculta ce este rău, nu vorbi cu răutate“ și care, se pare, provine din scrierile lui Confucius.

Cele trei maimuțe înțelepte au nume: Mizaru (見ざる cel care nu vede), Kikazaru (聞かざる cel care nu ascultă) și Iwazaru (言わざる cel care nu vorbește). Curios este faptul că terminația *zaru* în japoneza veche înseamnă în același timp „a nu face“ și „maimuță“. Cu siguranță din acest motiv a fost reprezentat proverbul în 1636 prin statuia celor trei maimuțe.

Cele trei site

Mesajul lui Mizaru, Kikazaru şi Iwazaru consună cu o istorie revelatoare din Grecia antică.

Se spune că odată un discipol a sosit la Socrate foarte agitat şi a început să-i grăiască astfel:

— Socrate, vreau să-ţi spun cum a vorbit cu rea-voinţă unul dintre prietenii tăi despre tine...

Filozoful l-a întrerupt imediat:

— Aşteaptă! Ai trecut prin cele trei site ceea ce-mi vei spune?

— Cele trei site? a întrebat discipolul, neştiind despre ce era vorba.

— Da, a răspuns Socrate. Prima sită este ADEVĂRUL. Ai analizat cu atenţie dacă ceea ce-mi vei spune este în întregime adevărat?

— Ei bine, nu... Mi-au spus nişte vecini.

— Dar probabil l-ai trecut prin a doua sită, care este BINELE. Ceea ce vrei să-mi povesteşti este cel puţin benefic?

— Nu, de fapt, nu... Dimpotrivă.

— A, a răspuns Socrate. Atunci să trecem la ultima, a treia sită. Este UTIL să-mi povesteşti acel lucru?

— Ca să fiu sincer, nu. Nu este util.

— Atunci, a conchis înţeleptul, dacă ceea ce voiai să-mi povesteşti nu este nici adevărat, nici bun, nici util, mai bine să-l dăm uitării.

Potrivit acestor trei site ale lui Socrate, înainte de a-i povesti unei persoane orice lucru care va avea un impact emoţional, este necesar să se cerceteze ADEVĂRUL, BINELE ŞI UTILITATEA lui.

În ce univers mental doreşti să trăieşti?

Cele trei site ale lui Socrate sunt, de fapt, reprezentate de Iwazaru, maimuţa care-şi acoperă gura, adică nu răspândeşte vorbele rele. Persoana care critică sau transmite altora critici îşi pierde imediat sprijinul pentru practicarea *ikigai*-ului său: cel care ascultă se teme, în mod justificat, că în lipsă este şi el, în faţa altora, obiect al criticilor şi batjocurii.

Semnalarea aspectelor negative ale realităţii poate provoca un oarecare amuzament celor din anturajul nostru, dar pe termen mediu şi lung nu este rentabilă. Ne discreditează ca oameni şi ne face mai puţin demni de încrederea celorlalţi.

Maimuţa din stânga, Kikazaru, ne arată, acoperindu-şi urechile, o treaptă superioară în perfecţiunea noastră spirituală. Dacă, pe lângă faptul că nu transmitem mesaje negative despre ceilalţi refuzăm să le ascultăm, vom evita să ne contaminăm mintea cu zvonuri inutile, păstrând astfel spaţiu pentru acţiuni benefice şi pentru dezvoltarea *ikigai*-ului nostru.

În dreapta, Mizaru, maimuţa care nu vede, ne învaţă să nu ne uităm într-o direcţie nepotrivită, ceea ce presupune pasul definitiv în testul de purificare al celor trei site. Dacă evităm să ascultăm și să transmitem mai departe lucrurile negative și ne îndreptăm atenția – vederea și celelalte simțuri – spre ceea ce este util și benefic pentru toată lumea, începând cu noi înșine, vom fi făcut un pas uriaș spre realizarea visurilor noastre.

EXERCIȚIUL CELOR TREI MAIMUȚE ÎNȚELEPTE

Aplicând în sens mai larg învățătura lui Mizaru, Kikazaru și Iwazaru, analizează-ți viața și răspunde la aceste întrebări:

1. *Când te uiți la televizor sau asculți radioul, navighezi pe internet sau citești ziarele, aloci mai mult timp aspectelor pozitive sau celor negative?*
   Dacă primează negativul, înlocuiește-l cu conținuturi despre cultură, progrese tehnologice, psihologie sau orice disciplină care te-ar putea ajuta să te dezvolți.
2. *În discuțiile cu alte persoane, le faci jocul celor care-i vorbesc de rău pe alții?*
   În acest caz, ca să-ți purifici mintea de „balastul" de răutate care nu te face nici mai bun, nici mai eficient, încearcă să schimbi subiectul. Cu timpul, „cârcotașul" își va da seama că nu primești bine astfel de lucruri și își va căuta alți complici.
3. *Când vorbești cu alte persoane, le ajuți să-și dezvolte cele mai bune calități?*
   Dacă nu o faci încă, află că ceilalți sunt oglinda ta, așa încât ajutorul și recunoașterea pe care le oferi se reflectă și asupra ta.

CUM SĂ APLICI ÎN PRACTICĂ PUTEREA *IKIGAI*-ULUI

Sincronizează-te cu obiectivele tale de viață

Putem să petrecem zile, luni și ani absorbiți de rutină, cufundați în inerția obligațiilor. Totuși, după un timp ne vom întreba dacă ne trăim cu adevărat viața, sau ne limităm să supraviețuim, îndeplinind așteptările altora.

Când ai stat ultima oară să te gândești care e misiunea ta în viață?

Pentru acest exercițiu final, pregătește-ți un ceai sau infuzia ta preferată și așază-te înaintea unei hârtii și unui pix. Acordă-ți timp suficient, nu te grăbi. Probabil că ai multe lucruri de făcut: treburi casnice sau de serviciu, să mergi la cumpărături, să planifici călătoria din weekendul următor... dar ce poate fi mai important decât să fii în consonanță cu *ikigai*-ul tău?

Ceea ce vei face acum e important, așa încât lasă deoparte orice ocupație și îngăduie-ți să faci acest exercițiu final care-ți poate da o nouă direcție în viață.

Vei construi busola care te va ajuta să călătorești pe frecvența *ikigai*-ului tău.

În viitor, când te vei simți dezorientat, vei putea să revii mereu la ea ca să-ți regăsești direcția.

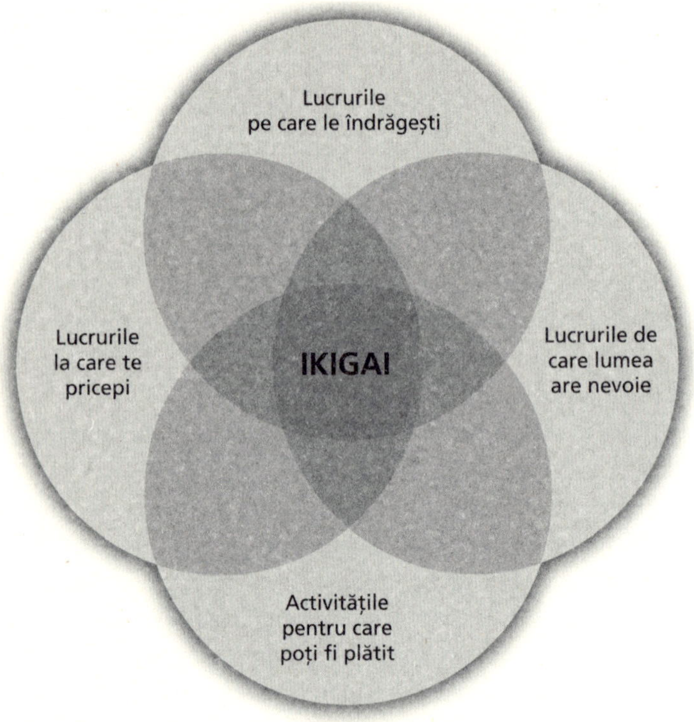

Cele patru componente ale *ikigai*-ului

Societatea noastră actuală este concepută ca să ne dirijăm toate acțiunile și gândurile spre câștiguri financiare, adică să ne investim energia în secțiunea inferioară a cadranului.

Totuși, când ne concentrăm încontinuu pe câștigurile bănești și nu luăm în considerare toate componentele diagramei *Ikigai*, întreaga viață ni se poate goli de sens.

Obiectivul nostru în acest exercițiu final, după ce am călătorit împreună prin cele 35 de gări, este să integrăm cele patru componente astfel încât viața noastră să fie în armonie cu valorile și cu scopurile pe care le avem.

Pentru asta să împărțim foaia de hârtie în patru:

1. Lucrurile pe care le îndrăgesc	*2. Lucrurile de care lumea are nevoie*
3. Activitățile pentru care pot fi plătit(ă)	*4. Lucrurile la care mă pricep*

1. Lucrurile pe care le îndrăgesc

Această secțiune a exercițiului este cea mai ușoară. Notează tot ceea ce-ți trece prin minte că te face să te simți bine și fericit. Scrie repede, fără să te gândești prea mult. Fii sincer pe deplin și notează doar ceea ce te pasionează.

Îți place să dormi sub cerul liber? Scrie! Ești fericit când gătești un fel de mâncare nou? Scrie! Nu judeca dacă e considerat bun și util pentru societate. Obiectivul este să scrii tot ceea ce te face fericit.

Începe fiecare frază cu *Mă face fericit să* ______________

2. Lucrurile de care lumea are nevoie

Dacă dorim să ne petrecem cea mai mare parte a timpului făcând lucruri pe care le îndrăgim, senzația noastră de fericire se va intensifica, însă riscăm să ne cufundăm în egoism.

Una dintre soluțiile-cheie ale unei vieți lungi și sănătoase, pe care le-am aflat de la bătrânii din Okinawa, este că toți aparțineau unei comunități, unui *moai* în care se ajutau reciproc. Sentimentul că suntem utili celor din jur reprezintă unul dintre secretele împlinirii noastre ca oameni.

Prin urmare, în cel de-al doilea cadran scrie ceea ce le este necesar celorlalți; nu numai prietenilor și familiei tale, ci lumii întregi.

Poți să începi fiecare frază cu *Dragul meu/draga mea* ___ _________ *are nevoie de* _________ .

Apoi poți să scrii *Lumea are nevoie de* _________ sau să te referi la lucruri mai concrete, cum ar fi *Colegii mei de muncă au nevoie de* __________ ori *Școala la care învață copiii mei are nevoie de* ___________ .

3. Activitățile pentru care pot fi plătit(ă)

Dacă ne limităm să facem ceea ce am scris în primele două cadrane, putem să fim fericiți și să ne simțim utili celorlalți, dar tot avem nevoie să ne asigurăm traiul și banii necesari pentru proiectele noastre.

Unul dintre lucrurile pe care le-am observat imediat cât timp am conviețuit cu bătrânii din Ogimi, în Okinawa, a fost că majoritatea continuau să aibă o activitate lucrativă, chiar dacă aveau optzeci sau nouăzeci de ani. De exemplu, vindeau legume din grădină în piața locală sau, în cazul lui Yuki, la cei nouăzeci și trei de ani ai ei, vindea genți și portofele de piele pe care le confecționa singură.

Nu ar trebui să ne fie rușine să cerem bani în schimbul unor lucruri pe care știm să le facem. Îmbinarea lucrurilor la care te pricepi cu un câștig economic îți va permite să duci o viață decentă.

Există lucruri care ne oferă câștiguri în mod direct și altele care au potențialul de a ne aduce bani în viitor. Unul dintre secretele prosperității menționate de Warren Buffet este să învățăm să gândim pe termen lung, fără stres.

În cea de-a treia secțiune a acestui exercițiu poți să consemnezi ceea ce îți aduce bani în acest moment, fără să te gândești dacă te face fericit sau nu. Limitează-te la a scrie: *Acum îmi câștig traiul cu...*

În continuare, așterne pe hârtie și alte posibile surse de venituri ce ar putea să-ți asigure traiul în viitor, prin fraze ca aceasta: *În viitor mi-ar plăcea să câștig bani făcând...*

4. Lucrurile la care mă pricep

Uneori ne este greu să știm la ce suntem buni pentru că potențialul nostru a rămas în umbra experiențelor emoționale din trecut. De exemplu, dacă nu am avut un profesor bun de matematică sau de muzică, cu siguranță vom ajunge să ne spunem „Nu mă pricep la matematică" sau „Muzica nu este pentru mine".

Adeseori ne blocăm aspirațiile pur și simplu pentru că hotărâm că „nu ne pricepem" sau pentru că ceilalți ne-au făcut să credem asta. Dar realitatea este că oamenii pot fi orice își doresc.

Și cine altcineva decât tine ar putea ști care e talentul tău?

Uită tot ceea ce ți-au spus ceilalți și scrie ceea ce crezi tu cu adevărat. Începe frazele din acest cadran al foii cu *Mă pricep la* ____________

Pe lângă calitățile tale actuale, trece în revistă abilitățile pe care le poți dezvolta dacă vei beneficia de pregătirea necesară. *În viitor voi putea să mă pricep la* ____________ *dacă mă pregătesc urmând* ____________

În acest moment, busola ta cu cele patru componente *ikigai* ar trebui să arate astfel:

Exemplul celor patru componente ale *ikigai*-ului lui Héctor

1. Lucrurile pe care le îndrăgesc Mă face fericit să scriu. Mă face fericit să călătoresc cu prietenii și familia. Mă face fericit să merg la cinema. Mă face fericit să-mi ocup timpul cu jocuri video. Mă face fericit să beau cafea. Mă face fericit să citesc. Mă face fericit să stau de vorbă cu oamenii la care țin. Mă face fericit să mă plimb. Mă face fericit să fac fotografii. Mă face fericit să ascult muzică. Mă face fericit orice activitate creatoare. Mă face fericit să programez calculatoare.	*2. Lucrurile de care lumea are nevoie* Prietenul meu Alfredo are nevoie să-l ascult mai mult pentru că tocmai și-a pierdut locul de muncă. Familia mea are nevoie să petrec mai mult timp cu ea. Colegii mei de muncă au nevoie să le fiu mai mult alături și să-i ajut. Prietenii mei Pepe și Juan au nevoie de compania mea și să le spun mai des cât de importanți sunt pentru mine. Cititorii mei au nevoie de mai multă afecțiune din partea mea, pe lângă cărți și pagini web. Lumea are nevoie de mai multă dragoste și de mai puțină ură. Lumea are nevoie de mai mult altruism.
3. Activitățile pentru care pot fi plătit Acum îmi câștig traiul: Lucrând într-o multinațională la Tokyo. În viitor mi-ar plăcea: Să folosesc o parte din economii ca să încep o afacere online la care mă gândesc de câțiva ani buni, dar îmi lipsește curajul să fac acest pas important. Să scriu mai multe cărți. Să scot la vânzare fotografiile pe care le-am făcut. Să țin prelegeri despre cultura japoneză. Să investesc banii pe care-i am acum în obiecte financiare fiabile.	*4. Lucrurile la care mă pricep* În acest moment mă pricep: Să programez calculatoare. Să organizez surse numeroase de informare și să le sintetizez. Să scriu non-ficțiune. Să fac fotografii. În viitor mi-ar plăcea să mă pricep: Să scriu ficțiune. Să gestionez o afacere personală. Să practic yoga. Să compun muzică.

Treci la acțiune

Dacă ai ajuns până aici și ai completat cele patru cadrane de pe foaie, felicitări! În tine se află germenii succesului.

În cea de-a doua parte a exercițiului te vei angaja să iei o serie de decizii care îți vor pune în mișcare *ikigai*-ul.

Pentru ca *ikigai*-ul să iasă la lumină din interiorul nostru este absolut necesar să trecem la acțiune în loc să rămânem simpli spectatori.

Există falsa credință că scopul nostru în viață este ceva magic pe care suntem destinați să-l găsim din întâmplare sau ca urmare a unei revelații. Totuși, dacă asculți cu atenție istoriile oamenilor care și-au găsit pasiunea, îți dai seama că ea nu rezultă în urma unei coincidențe sau a magiei. Perseverența și încăpățânarea au fost cele care, în timp, i-au făcut pe acei oameni pricepuți la ceva și i-au determinat să-și dezvolte pasiunea pentru lucrul cu pricina.

Au fost nevoiți adeseori să experimenteze multe lucruri tot încercând și greșind până când și-au găsit *ikigai*-ul. În alte cazuri, au găsit de la o vârstă fragedă ceva care cu timpul a devenit o sursă de venituri și de pasiune. Acțiunea precedă pasiunea.

ACȚIUNE → PASIUNE

Sau, cum spunea Donald Kendall: „Succesul precedă munca doar în dicționar*.“

Să treci la acțiune înseamnă să faci multe lucruri, cum ar fi să trimiți acel e-mail pe care voiai să-l scrii de câteva săptămâni, ori să te apuci de cursuri de pictură, să-ți schimbi locul de muncă dacă nu te satisface cel actual, să te căsătorești dacă vrei cu

---

* Desigur, în dicționarul limbii engleze (*success*, *work*).

adevărat, să divorțezi dacă relația ta e moartă de ani de zile, să întreprinzi acea călătorie la care ai visat dintotdeauna...

Esențial este s-o faci. Nu ai nevoie de permisiunea nimănui, este viața ta.

Acum revino asupra foii cu cele patru componente *ikigai* și subliniază acele aspecte cărora nu le dedici suficient timp în ultima vreme. Cu alte cuvinte, chestiuni care sunt importante pentru tine, dar pe care de la o vreme le-ai lăsat deoparte.

Pentru fiecare dintre acele aspecte neglijate, scrie o listă cu trei acțiuni concrete pe care le vei întreprinde de acum înainte ca să aplici în practică chestiunile uitate din viața ta și să-ți manifești *ikigai*-ul.

În continuarea exemplului de exercițiu anterior, dacă deja știi să cânți la un instrument și vrei să te pricepi la compus muzică, poți să-ți propui...

- *Să reascult piesele și cântecele care mă emoționează cel mai mult.*
- *Să învăț să cânt la pian sau la alt instrument una dintre ele, ca să-i înțeleg armonia.*
- *Să compun un cântec propriu pornind de la acel exercițiu.*

Corectează direcția dacă este necesar

Când observi că zilele îți sunt dominate de nemulțumire, că te macină tot timpul diferite probleme, uită-te din nou pe cadrane și întreabă-te: integrez cele patru componente ale *ikigai*-ului în viața mea de zi cu zi? Mă preocup doar de câștigul bănesc? Aloc suficient timp pasiunilor mele?

Aceste momente de îndoială ne determină să luăm decizii, să eliminăm lucrurile care nu funcționează și să începem să ne ocupăm de altele noi.

Dacă simţim că e timpul să virăm, poate că ne va fi teamă la început, dar, după ce vom corecta direcţia, ne vom da seama că teama era mult mai mare decât saltul.

Renunţă la ceea ce nu te pasionează şi scrie idei noi în cadrane. *Ikigai*-ul, ca şi viaţa, nu este ceva fix şi inamovibil. Schimbă direcţia dacă e nevoie! Viaţa este prea scurtă ca să rămâi blocat într-un deşert.

Elimină ceea ce este de prisos ori întreprinde noi acţiuni, dar nu rămâne pe loc. Nu se va întâmpla nimic nou sau emoţionant dacă tu nu faci ceva pentru asta.

Finalul este un început

La această pagină se încheie o călătorie şi începe alta.

Am trecut împreună prin 35 de gări şi fiecare dintre ele ne-a oferit un instrument practic pentru a ne descoperi, consolida și realiza scopurile în viață.

Cursul se termină aici, dar acum începe ceea ce este mai important. Când vei închide cartea, după ce vei recapitula aceste 35 de secrete, începe aventura ta.

Să-ţi urmezi pasiunea şi să ţi-o dezvolţi ca s-o împărtăşeşti cu ceilalţi este obiectivul cel mai important pe care şi-l poate fixa un om.

Ne luăm rămas-bun cu următoarele rânduri şi-ţi dorim călătorie plăcută.

Mulțumim că ne-ai însoțit până aici.
Dacă aplici unele dintre aceste instrumente în viață,
vei reuși în mod sigur să faci schimbări majore
ce-ți vor permite să-ți consolidezi *ikigai*-ul
și să-ți atingi scopurile.
Totuși, nu face greșeala de a-ți lua
obiectivele prea în serios.
Urmărește-le întotdeauna cu zâmbetul pe buze,
permite-ți să greșești și să înveți pe parcurs,
alături de ceilalți și pe cont propriu.
Indiferent unde te vei afla și indiferent ce vei obține,
ține minte întotdeauna că totul e pe cale să se realizeze
și totul se află în mâinile tale.
HÉCTOR GARCÍA (KIRAI) & FRANCESC MIRALLES

35 de secrete ca să-ți cultivi *ikigai*-ul

1. Dacă dorești îmbunătățiri de 10%, gândește-te ce trebuie să faci ca să obții îmbunătățiri de 100%.
2. Include în agenda ta zilnică cel puțin un „lucru imposibil".
3. Cultivă răbdarea și perseverența în ceea ce ți-ai propus.
4. Dedică 21 de zile pentru introducerea unei deprinderi pozitive noi.
5. Cere un feedback asupra realizărilor tale de la persoane de încredere.
6. Caută un mentor care să te poată îndruma în cultivarea pasiunii tale.
7. Imită și îmbunătățește ceea ce-ți place pentru un proiect propriu.
8. Identifică ceea ce nu-ți place ca să descoperi, prin eliminare, ceea ce-ți place.
9. Exersează în fiecare săptămână o calitate pe care vrei să ți-o dezvolți.
10. Împărtășește-ți pasiunea cu oameni care au aceleași afinități ca să învățați și să vă perfecționați împreună.
11. Ieși din zona de confort și explorează noi teritorii.
12. Prioritizează ceea ce este important în raport cu ceea ce e doar urgent.
13. Renunță la ceea ce nu este esențial și rentabil în viața ta.
14. Dă proiectului tău un nume care să te determine să treci la acțiune.
15. Recuperează-ți valorile și visurile din copilărie.

16. Aminteşte-ţi de „marile succese“ din viaţa ta ca să te motivezi.
17. Identifică-ţi cei mai buni prieteni şi acordă-le atenţia pe care o merită.
18. Uneşte punctele din trecut ca să înţelegi prezentul.
19. Stabileşte-ţi un program fără ecrane şi viaţă virtuală.
20. Cultivă conceptul de *slow life* la masă şi în petrecerea timpului liber.
21. Fă un singur lucru şi nu mai multe în acelaşi timp, ca să nu-ţi distragi atenţia.
22. Scrie ceva personal cel puţin 5 minute în fiecare zi.
23. Iniţiază-te în arta haikuului ca să-ţi cunoşti emoţiile.
24. Ia deciziile cruciale de care ai nevoie în acest moment al vieţii tale.
25. Întreabă-ţi visele despre chestiunile la care nu ai încă un răspuns.
26. Intră în flux desenând cercul *enso*.
27. Rezolvă un *koan* în fiecare săptămână.
28. Exersează atenţia totală în activităţile cotidiene.
29. Lasă-te în voia serendipităţii şi a altor întâmplări neaşteptate din viaţă.
30. Fă o faptă bună gratuită în fiecare zi.
31. Îmbrăţişează-i adesea pe cei dragi.
32. Călătoreşte din când în când fără o destinaţie anume şi lasă-te surprins.
33. Integrează *kaizen* în cultivarea *ikigai*-ului tău.
34. Îndreaptă întotdeauna asupra ta săgeata îmbunătăţirii.
35. Îndepărtează-te de sursele de negativitate.

Mulțumiri

Familiei și prietenilor noștri, pentru că ne sunt alături necondiționat.

Sandrei Bruna și echipei sale, pentru că a făcut întotdeauna posibil imposibilul.

Lui Carol L., editoare, documentaristă de excepție și prietenă excepțională.

Lui Vicente, Rosa, Carlos și Rodrigo, pentru atenta lor revizie finală.

Editorilor din întreaga lume care difuzează, prin intermediul cărții noastre, filozofia *ikigai*.

Librarilor, pentru că fac din pasiunea lor un exercițiu de înțelepciune împărtășită.

Tuturor cititorilor și cititoarelor, pentru afecțiunea și sprijinul lor plin de inspirație.